하멜표류기

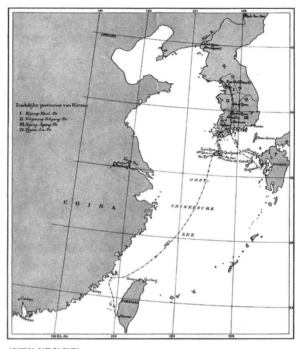

〈하멜이 이동한 경로〉
린스호턴 협회 발간 후팅크 판본 수록

일러두기

1. 이 번역서는 1920년 린스호턴 협회가 출간한 후팅크(B.Hoetink) 판 〈스페르베르호의 난파 기록. 그리고 난파선 생존자들이 제주도와 조선 본토에서 경험한 기록(1653~1646년)과 조선 왕국에 대한 서술〉을 직접 번역한 것이다.
2. 주석은 모두 옮긴이의 것이다.
3. 부록 1, 2의 주석은 내용 구성상 미주로 배치하였다.

하멜표류기

떠밀려온 곳에서 시작된
17세기 조선의 이야기

헨드릭 하멜 지음 | **문지희** 번역 · 해설

arte

차례

하멜표류기

하멜보고서

조선 왕국과 사회에 대한 기술

부록1 네덜란드 동인도회사(VOC) 공문서

표류된 네덜란드인들에 관한 서신

해방된 난파자들에 대한 보고

부록 2 후팅크 해설

역자 후기

하멜표류기

스페르베르(Sperwer)호의 생존자들과 선원들이

1653년 8월 16일부터 (조선왕국 남단의) 켈파르트섬[1] 에 조난당하여

1666년 9월 14일, 그 중 여덟 명이 일본 나가사키로 탈출하기까지

조선왕국에서의 경험을 담은 일지.

더불어 이 왕국의 사회상과 지리적 정보에 관한 보고서.

- 존경하는 요안 마트사이커르 네덜란드령 동인도의 총독님과 최고회의 귀하 -

[1]　　제주도

하멜 보고서

우리는 네덜란드령 동인도의 총독과 위원들로부터 타요안[2]으로 가라는 명령을 받아, 1653년 6월 18일에 스페르베르호로 바타비아에서 출항했다. 그 선박에는 신임총독 코르넬리스 세자르(Cornelis Caeser)가 타고 있었는데, 그는 타요안과 그 주변지역을 포함한 네덜란드령 포르모사(Formosa, 오늘날 타이완)의 총독 니콜라스 페르부르흐(Niclaes Verburgh)의 후임으로 발령받아 항해 길에 오른 것이었다.

행운의 여신이 함께 한 성공적인 항해로 우리는 7월 16일 타요안 항구에 도착했다. 그곳에 신임 총독이 상륙하여 싣고 온 우리 짐들도 하역하였다. 타요안 주재의 총독과 위원회는 우리에게 다시 일본으로 출항할 것을 명령했다. 우리는 짐을 싣고 총독과 작별인사를

---

[2]   Taijoan, 네덜란드 동인도회사의 무역항이 있던 현재 타이완의 해안도시 타이난(Tainan)을 의미한다.

한 후, 하느님의 은총 하에 가능한 빨리 항해를 이어가고자 같은 달 30일에 출항했다.

1653년

7월 31일

7월 마지막 날엔 날씨가 좋았다. 하지만 저녁 무렵에는 포르모사 해안 쪽에서 폭풍이 몰아쳤고, 밤이 깊어갈수록 더욱 거칠어져 갔다.

8월 1일

8월 1일, 해가 뜨고 근처에 작은 섬이 있다는 것을 알게 되었다. 거센 바람과 높은 파도를 피하기 위해 바람을 등지고 있는 섬의 뒤쪽으로 가서 닻을 내리려고 했다.

우리는 큰 위험을 무릅쓰고 닻을 내리기 시작했지만 파도가 거칠게 몰아치고, 큰 암초가 우리 바로 뒤에 있어 닻줄을 충분히 내릴 수가 없었다. 이 암초섬은 선장이 배 고물 쪽의 창을 내다보다가 아주 우연히 발견하게 된 것이다. 만약 선장이 이를 보지 못했다면 비 내리는 어두운 날씨 속에 우리 배는 산산조각 나 사라질 뻔 했다. 그 암초섬을 처음 발견했을 때 그 암초섬과 우리 배는 머스킷총의 사정 거리[3] 만큼도 떨어져 있지 않았기 때문이다.

날씨가 맑아지면서 우리 배가 중국 해안 쪽과 몹시 가까이 있다는 것을 알게 되었다. 완전 무장한 중국 군대가 해변을 따라 행진하고 있는 모습을 보았다. 그들은 우리 배가 해안에 닿기만을 기다리는 듯 했다. 전능하신 하느님의 도움으로 다행히 우려한 일은 일어나지 않았다. 폭풍은 잦아들지 않고 오히려 더 강해져서 우리는 닻을 내린 채 정박해 있어야 했다. 그리고 그날 밤도 마찬가지였다.

8월 2일

8월 2일 아침 바다는 매우 잔잔했다. 더욱 강력하게 무장한 중국인들이 마치 사냥감을 쫓는 늑대처럼 계속 우리를 기다리고 서 있었다. 적어도 우리가 보기엔 그랬다. 닻과 닻줄, 그리고 다른 장비들로 야기될 수 있는 위험을 방지하기 위해, 우리는 닻을 걷기로 했다. 그리고 그들의 시야에서 벗어나기 위해 다시 항해를 시작했다. 그날 낮과 밤, 바다는 너무도 고요했다.

8월 3일

8월 3일 아침, 우리 배가 파도에 20마일(150km) [4]이나 떠밀려 갔다는 것을 알게 되었다. 저 멀리 다시 포르모사[5]의 해안이 보였다. 우

---

3) 머스킷총은 당시 유럽인들이 많이 사용하던 총신이 긴 화승식 총으로, 후대 라이플의 전신이라고 할 수 있다. 17세기 머스킷총 사정거리에 대한 네덜란드사료는 각각 100미터, 225미터, 400미터 등으로 다양하게 표기하고 있다.

4) 당시 네덜란드에서의 1마일은 다양한 거리를 나타낼 수 있다. 하멜은 이 글에서 사용된 1마일이 어떤 마일인지 밝히고 있지는 않지만, 당시 동인도회사가 바다에서는 독일식 마일을 사용했다는 점을 고려할 때, 여기서 1마일은 7.407km라고 간주된다. 일반적으로 당시 네덜란드 마일은 1시간을 도보로 걸었을 때의 거리에 해당하며, 네덜란드 1마일은 5~6km에 해당한다.

5) 대만을 의미한다

리는 포르모사 해안과 중국 대륙 사이로 항로를 잡아 항해를 시작했다. 날씨는 맑고 기온은 선선했다.

8월 4일~11일

4일부터 11일까지 파도는 대체로 잔잔했고, 간간이 풍향이 바뀌곤 했다. 우리는 이렇게 중국과 포르모사 해안 사이를 표류하듯 떠다니고 있었다. 11일에는 남동쪽에서 몰아치는 비바람으로 다시 날씨가 사나워졌고, 우리는 북동쪽과 동북동쪽으로 항로를 잡고 운항했다.

8월 12일~14일

12~14일 동안 날씨가 점점 나빠졌고, 변덕스러운 바람과 비로 인해 돛을 올렸다가 내리기를 반복해야 했다. 파도가 격렬해지고 배가 심하게 흔들리더니 배에 물이 들어오기 시작했다. 끊임없이 내리는 폭우로 인해 위도를 확인할 수 없어서, 배가 낯선 땅에 표류할 위험을 미연에 방지하고자 가능한 돛을 내리고 바다에 배를 맡긴 채 떠다닐 수 밖에 없었다.

8월 15일

15일에는 바람이 너무도 강해서 갑판 위에서는 서로 무슨 말을 하는지 알 수 없는 것은 물론이고, 말소리조차 전혀 들리지 않았다. 이런 상황에서 돛을 올리는 것은 무리였고, 시간이 지날수록 배에 점점 물이 차 올랐다. 누수 부위가 늘어났고 우리는 배에서 물을 퍼 내느라 정신이 없었다. 한 번씩 거대한 파도가 몰아칠 때면, 우리는 배가 곧 가라앉겠다고 생각했다.

저녁 무렵 몰아친 파도로 인해 이물(배의 앞부분)과 고물(배의 뒷 부분) 의 일부가 휩쓸려 가버렸고, 기움돛대도 완전히 떨어져 나갈 것처럼 느슨해져 있었다.

우리는 이물 전체를 잃어버릴 큰 위험에 처했다. 돛대를 조금이 라도 묶어두려 최선을 다했지만, 엄청난 요동과 끊임없이 엄습하는 파도로 인해 이 모든 시도는 수포로 돌아갔다. 최선을 다해 파도를 피하는 것 말고는 더 좋은 방법도 없는 듯 했다. 포효하는 바다의 물 폭탄을 조금이나마 피하기 위해, 그리고 우리의 목숨과 배와 동인도 회사의 물품들을 최대한 보호하기 위해 이물 돛을 조금 올리는 것이 가장 현명한 방법이라고 판단했다. (우리는 이 방법이 하느님의 구원 다음으 로 좋은 방법이라는 생각이 들었다) 이물 돛을 올리는 작업 중에 거대한 파도 가 배 뒤쪽에서 몰아쳤고, 그 일을 하던 동료들이 돛대에서 거의 쓸 려 나갈 뻔했다. 어느새 배는 물로 가득 찼다. 바로 그때 선장이 소 리쳤다.

"자, 여러분. 이제 모든 것을 하느님께 맡깁시다. 이런 파도가 한 두 번 더 휩쓸고 가면, 우리 모두 죽게 될 것입니다. 더 이상 버틸 수 가 없어요."

새벽 1시쯤이 되었을 때, 망을 보던 친구가 소리쳤다.

"육지다, 육지다!"

그리고 이 육지는 머스킷총의 사정거리만큼 밖에 떨어져 있지 않았다. 어둠과 폭우 때문에 육지를 더 빨리 발견할 수는 없는 상황이었다. 우리는 방향키를 잡아 뱃머리를 돌리면서 닻을 내렸지만, 깊은 수심과 거친 파도 탓에 닻이 제대로 고정되지 않았다. 결국 배는 순식간에 땅과 부딪혔고, 세 번을 연거푸 충돌한 뒤 완전히 산산조각 났다.

갑판 아래 선실에서 자고 있던 선원들은 위로 올라올 시간이 없던 탓에 목숨을 건지지 못했다. 갑판 위에 있던 몇몇 선원들은 배에서 뛰어내렸고, 다른 선원들은 파도에 여기 저기 휩쓸려 갔다. 육지에 오른 사람은 15명이었고, 대부분은 알몸에 상처 또한 심각했다. 이들을 제외하고는 목숨을 구한 사람들이 더는 없을 거라고 생각했다. 힘겹게 바위 위에 올라 앉았을 때, 난파된 배에서 사람들의 신음 소리가 들려왔다. 하지만 칠흑 같은 어둠에 우리는 아무도 서로를 알아볼 수 없었고, 누구도 도와줄 수 없었다.

8월 16일

16일 아침, 동이 터 오자, 조금이라도 몸을 움직일 수 있는 사람들은 해안가를 따라 걸으며, 육지에 표착한 사람들이 또 있는데 큰 소리로 부르며 찾아 다녔다. 사람들이 여기 저기서 발견되었고, 생존자는 총 36명이었다. 앞서 언급한 바와 같이 대부분의 사람들은 심하게 다친 상태였다. 난파된 배를 둘러보다가 두 개의 커다란 통나무 통 사이에 껴 있는 선원을 발견하고 바로 꺼내 주었다. 하지만

그의 몸은 완전히 납작하게 눌린 상태여서 결국 세 시간 후에 숨을
거두었다. 우리는 침울한 표정으로 서로의 얼굴을 바라보았다. 그렇
게 아름다웠던 배가 완전히 박살 났고, 15분이 채 안 되는 짧은 순간
에 선원은 64명에서 36명이 되었다.

　해안에 떠밀려온 시체들이 있는지 살펴보다가 바다에서 10~12
바뎀(17~18미터)[6] 정도 떨어진 곳에 암스테르담 출신의 선장 레이니
르 에그베르서(Reijnier Egberse)의 시신을 발견했다. 그의 한쪽 팔은 머
리를 베고 있었다. 여기 저기서 선원들 6~7명의 시신이 발견되었고,
우리는 그를 곧바로 묻어주었다.

---

[6]　바뎀(vadem)은 주로 물의 깊이를 측정하거나 줄의 길이를 재는 단위로 사용되며, 이때 1바뎀은
　　　1.8미터로 간주된다. 1바뎀은 양쪽 팔을 벌린 거리를 의미하기도 하며, 보통 6피트와 같다. 1 암
　　　스테르담 바뎀은 1.698미터이다.

우리는 파도에 떠 밀려온 음식이 있는지 살펴보았다. (험한 날씨 때문에 주방장이 요리를 하기 어려워 지난 2~3일 동안 거의 먹지도 못한 상태였다.) 발견한 것은 밀가루 한 자루, 고기와 베이컨이 조금씩 들어있는 나무 통 하나와 스페인산 와인 한 통이 전부였다. 이 와인은 부상자들에게 유용하게 쓰였다. 가장 필요한 것은 불이었다. 우리는 이 섬에 사람이 살지 않을거라 생각했다. 정오 무렵 비와 바람이 어느 정도 잦아들자 우리는 부지런히 움직여서 몇 개의 돛을 이용해 모두가 비를 피할 수 있는 천막을 만들었다.

8월 17일

17일, 비통함에 젖은 채 옹기종기 앉아 있던 우리는 누군가 우리 앞에 나타나주길 기대하고 있었다. 그리고 그 누군가는 우리를 다시 조국으로 보내줄 수 있는 일본인이기를 간절히 바랐다. 선박과 거룻배가 산산조각나서 우리에겐 다른 방법이 없었다. 정오가 되기 전에 천막에서 대포 사정거리(약 400m)정도 떨어진 곳에 한 남자가 보였다. 그에게 우리 쪽으로 오라 손짓했지만 그는 우리를 보자마자 도망쳐 버렸다. 정오가 지나고 머스킷총 사정거리(약 100m)쯤 떨어진 곳에 세 명의 남자가 나타났다. 우리는 손짓발짓을 다 했지만 그들은 다가오지 않았다.

결국 우리 중 한 명이 용기를 내어 그들에게 다가가 무기를 내밀었다. 그렇게 우리는 결국 간절히 원하던 불을 얻을 수 있게 되었다. 그들의 옷차림은 중국인과 비슷했지만, 말총으로 만든 모자를 쓰고

있어서 '어쩌면 이들이 해적이나 추방당한 중국인들이 아닐까' 하는 두려움에 마음을 졸이고 있었다. 저녁 무렵이 되자 무장한 사람들 백 명 정도가 천막 주변으로 다가와서는 우리의 인원수를 세더니 밤새도록 천막 옆을 지키고 서 있었다.

8월 18일

18일 오전, 우리는 큰 천막을 만드느라 분주하게 보냈다. 오후가 되자 천 명에서 이천 명 정도 되는 보병과 기마병이 우리 주위에 나타났고, 무장한 군대는 우리 천막을 둘러쌌다.

군인들은 일렬종대로 정렬하고 있었고, 그들은 서기와 일등 항해사, 이등 갑판장, 그리고 어린 선원 한 명을 천막에서 끌고 나와 지휘관에게 데려갔다. 이들은 아래쪽에 커다란 방울이 달린 쇠사슬을 우리 목에 감았는데, 이것은 마치 네덜란드에서 양들 목에 매다는 것과 비슷했다. 그들은 우리를 지휘관 앞으로 끌고 가 얼굴을 땅에 박고 엎드리게 했다.

이때 군사들은 귀가 따가울 정도의 엄청난 함성을 내질렀다. 상황을 보고 듣던 천막 안의 동료들은 서로에게 이렇게 속삭였다.

"상사들이 먼저 끌려갔으니, 다음은 분명 우리 차례일걸세."

얼마 지나지 않아, 우리도 바닥에 무릎을 꿇어야 하는 상황을 맞았다. 지휘관이 우리에게 몇 가지 질문을 했지만, 그의 말을 도무지 이해할 수 없었다. 우리는 손짓 발짓을 다해 야판(Japan)에 있는 나가사키로 가고 싶다고 말했다. 하지만 서로의 말을 전혀 알아듣지 못했기에 아무 소용이 없었다. 왜냐면 이 나라 사람들은 야판이라는 말을 알지 못했고 대신 '왜나라(Jeenare)' 혹은 '일본(Jirpan)'이라고 불렀기 때문이다.

지휘관은 우리 모두에게 아락[7] 한 잔 씩을 따라주게 했고, 다시 우리를 천막으로 보내주었다.

이들은 우리에게 와서 먹을 만한 것이 있는지 살폈다. 앞서 말한 바와 같이 먹을 것이 고기와 베이컨 뿐임을 발견하고는 이 사실을 지휘관에게 보고했다. 한 시간 가량 지난 후에 그들은 쌀을 물에 넣어 끓인 흰죽을 우리 모두에게 조금씩 나누어 주었다. 우리가 너무

---

[7]   아락(Arak)은 인도네시아의 전통 증류주이다. 여기서 하멜은 소주와 같은 조선의 전통술을 일컫는다.

굶주려 있었던 탓에, 음식을 너무 많이 주면 탈이 날 수도 있다고 생각한 것 같았다.

정오가 지나자 군인들 몇명이 밧줄을 하나씩 손에 쥐고는 다가왔다. 그 모습을 본 우리는 놀라서 기겁했다. 이제 우리를 묶어서 죽이려고 하는가 보다 생각했기 때문이다. 하지만 그들은 요란스러운 소리를 내며 난파된 배 쪽으로 향했다. 그들은 배에 남아있는 쓸 만한 물건들을 가지러 간 것이었다.

저녁이 되자 그들은 우리에게 밥을 조금씩 배급해 주었다. 그 날 오후엔 항해사가 위도를 측정했고, 우리가 있는 곳이 북위 33도 32분에 위치한 켈파르트섬(Quelpaert) [8]이란 것을 알게 되었다.

8월 19일

19일, 그들은 배에서 육지로 가져온 물건들을 계속 말리고, 쇠붙이가 박혀있는 목재부분을 불로 태우느라 분주했다. 우리쪽 간부 선원들이 섬의 지휘관과 (그곳에 같이 온) 해군대장을 만나러 갔다. 그리고 그 둘에게 쌍안경 하나씩을 선물해주었다. 스페인산 와인 한 병과 바위 틈에서 발견한 동인도회사의 은 그릇도 와인잔으로 사용하려고 함께 가져 갔다. 지휘관과 해군대장이 와인을 마셔보더니 맛있다면서 좋아했다. 와인을 흠씬 마신 그들은 기분이 무척 좋아져서는 우리를 아주 친절하게 대해주었고, 은 술잔을 되돌려 주며, 우리를

---

[8]   제주도를 일컫는다

다시 천막으로 보내 주었다.

8월 20일

20일, 그들은 쇠붙이를 얻어 내기 위해 난파한 배의 파편들과 남아 있는 목재부분을 모조리 태웠다. 파편들을 태우던 중에 장전되어 있던 대포 탄환 두 개가 폭발하자 너나 할 것 없이 혼비백산이 되어 도망갔다. 그리고 곧장 우리에게로 와서는 또 터질 것이 남아있는지 물었다. 우리는 몸짓으로 이제 더 이상 없다고 대답했다. 그들은 곧 다시 일을 시작했고, 우리에게 하루에 두 번 먹을 것을 가져다 주었다.

8월 21일

아침에 지휘관이 우리 중 몇 명을 데려오라고 명령했다. 그리고 천막에 있던 물건들을 봉인해야 한다며 가서 물건들을 가지고 오라고 했다. 우리는 그가 시키는 대로 했다. 그리고 우리가 보는 앞에서 물건들은 봉인되었다.

우리가 그곳에 앉아있는 동안, 도둑질을 한 몇 명이 지휘관 앞으로 끌려왔다. 이들은 물건들을 건져 올리는 과정에서 가죽과 쇠붙이, 그리고 그밖의 몇몇 물품들을 훔친 자들이었다. 이들의 등에는 훔친 물건들이 묶여 있었다. 그리고 지휘관은 건져 올린 우리 물건을 훔쳐가지 않을 거라는 것을 보여주기 위해 우리가 보는 앞에서 이 사람들을 벌했다. 길이가 1바뎀(약 1.7미터) 정도 되는 보통 남자

아이의 팔뚝 굵기만한 몽둥이로 도둑들의 발바닥을 때렸다. 이들은 각자 30대에서 40대씩 맞았는데, 몇몇은 발가락이 떨어져 나가기도 했다.

정오 무렵 우리는 곧 어디론가 떠나게 될 거라는 것을 알았다. 말을 탈 수 있는 사람은 말을 탔고, 부상 때문에 말을 타지 못하는 사람은 지휘관의 지시에 따라 들것에 실려갔다. 정오가 지나고 우리는 기마병과 보병들의 감시를 받으며 그곳을 출발했다. 그날 저녁에는 대정(Tadjang)이라는 작은 마을에서 묵게 되었다. 저녁식사를 마치고 그들은 우리 모두를 어떤 집으로 데려갔다. 하지만 그곳은 여관이나 숙소라기 보다는 마구간과 흡사했다. 그날 우리는 대략 4마일(22km) 정도 이동했다.

8월 22일

22일 아침 해가 뜨자 우리는 다시 말에 올랐다. 이동 중에 작은 요새 앞에서 식사를 했는데, 그곳에는 전투선 두 척이 정박해 있었다. 오후에는 목관(Moggan)이라는 도시[9]에 도착했다. 그곳은 '목사'라 불리는 이 섬의 최고 지방관의 관사가 있는 곳이었다. 그들은 우리를 관저 앞마당으로 데려가 죽을 한 그릇 씩 나누어 주었다. 우리는 이 죽이 우리의 마지막 식사가 될 것이고, 곧 죽음을 맞게 될 거라고 예상했다.

---

9)   목관은 행정구역인 제주목(濟州牧)의 관청을 뜻하지만, 하멜은 이를 도시로 이해하고 있다.

총과 전통 무기뿐만 아니라 그들의 옷차림 또한 무시무시했다. 지금까지 중국인이나 일본인에게서 보지도 듣지도 못했던 모습으로 무장한 3,000명 가량의 사람들이 그곳에 서 있었다.

그때 서기와 세 명의 일행이 이전과 같은 방식으로 목사 앞으로 끌려가 땅에 내던져졌다. 잠깐 동안 우리는 가만히 앉아 있었다. 그러자 그들은 우리에게 큰 소리로 말하며 어딘가를 손짓으로 가리켰다. 우리는 관청 앞쪽의 높은 단상 위에 왕처럼 앉아 있는 사람을 보았다. 그는 우리에게 우리가 어디서 왔고, 어디로 가는 중이었는지 손짓으로 물었다. 우리는 최선을 다해 손짓 발짓으로 이전과 같은 답을 반복했다. 일본에 있는 나가사키로 가고자 한다고. 그는 우리의 답을 듣고 머리를 끄덕였다. 분명 우리가 말한 것을 알아들은 모양이었다.

걸을 수 있었던 다른 동료들도 4명씩 짝 지어 똑같은 방식으로 목사 앞으로 끌려가 심문을 받았다. 우리는 서로의 말을 이해하지 못해 온갖 몸짓으로 최선을 다해 묻고 답했다. 그런 다음 그들은 우리를 어떤 집으로 데려갔다. 그 집은 왕의 숙부[10]가 평생 귀양살이를 하다가 죽은 곳이었는데, 그 숙부는 왕위를 빼앗았다는 이유로 이곳으로 유배되었다고 한다. 그 집 주변은 건장한 호위병들의 감시 하에 있었다. 우리는 생계를 이어갈 양식으로 매일 한 사람당 ¾파

---

10) 광해군을 일컫는다. 조선의 제15대 국왕인 광해군은 1623년 인조반정으로 폐위되었다. 강화도로 유배되었다가 1937년 제주도로 옮겨와 유배생활을 하였고, 이곳에서 생을 마감하였다.

운드(약 350그램)의 쌀과 ¾파운드(약 350그램)의 밀가루를 받았다. 하지만 반찬이 거의 없었기 때문에 반찬 대신 소금과 물로 식사를 해야 했다.

나중에 우리는 목사가 선하고 현명한 사람이라는 것을 알게 되었다. 그의 나이는 약 70세 정도였으며, 도성 출신이었고, 왕실의 신망이 두터운 사람이었다. 이 목사는 자신이 왕에게 서한을 올려 앞으로의 조처에 대해 왕의 답을 기다릴 것이라고 일러주었다. 도성은 바다로 12~13 마일(65km)정도 이동한 다음에 육지로 70마일(350km)이나 이동해야 했기에 왕의 답은 빨리 오지 않을 것이라 예상했다. 답을 기다리는 동안 매일을 밥과 소금만으로는 버틸 수가 없었다. 그래서 가끔씩 고기나 다른 반찬을 달라고 목사에게 청했다. 몸을 씻고, 옷가지를 빨아 입을 수 있도록 외출을 허락해 달라고 간청했다. 목사는 우리의 요청을 허락해주었다. 우리는 매일 교대로 6명이 조를 이루어 외출을 할 수 있게 되었고, 반찬도 추가되었다. 그는 우리를 자주 불러 우리의 언어와 그들의 언어로 이것 저것을 묻고 답하고, 또 글자로도 써 보게 하였다. 덕분에 불완전한 방식으로나마 서로가 소통할 수 있게 되었다. 목사는 때때로 잔치와 그 외에 다양한 행사를 열어 우리의 슬픔을 덜어 주려고 했다. 그는 왕으로부터 답신이 도착하면 우리는 일본으로 갈 수 있을 거라며 매일 우리를 격려해주었다. 그리고 부상자들이 치료를 받을 수 있도록 해주었다. 이교도 사람한테 받은 이러한 정성과 대접은 많은 기독교인들을 부끄럽게 할 만한 것이었다.

10월 29일

10월 29일 오후에 서기와 1등 항해사, 그리고 부선의가 목사에게 불려갔다. 세 사람이 그곳에 도착했을 때, 붉은 수염을 길게 늘어뜨린 한 남자가 앉아 있었다. 목사는 우리에게 그 사람이 누구라고 생각하는지 물었다. 우리는 '우리와 같은 홀란드(네덜란드) 사람인 것 같다'고 대답했다. 우리의 답을 들은 목사는 웃음을 터트리며 그는 조선 사람이라고 손짓으로 말했다.

한참동안 서로가 갖은 몸짓으로 이야기를 나눈 뒤, 그때까지 침묵을 지키고 있던 그 사람이 입을 열었다. 그는 어눌한 네덜란드어로 우리가 어느 나라 사람이고 어디 출신인지 물었다. 이에 우리는 '암스테르담에서 온 네덜란드사람'이라고 대답했다. 그는 우리가 어디서 출발했고, 어디로 가는 중이었는지도 물었다. 우리는 대만에서 출항해 일본으로 갈 예정이었으나 하느님이 우리의 길을 저지하셨다고 답했다.

5일동안 지속된 폭풍우로 인하여 이 섬에 표류하게 되었고, 지금은 자비로운 구원만을 바라고 있다고 대답했다. 우리도 그에게 이름은 무엇이고, 어느 나라 사람인지, 그리고 어쩌다 이 곳에 오게 되었는지 물었다. 그러자 그는 이렇게 대답했다.

"나는 드레이프에서 온 얀 얀스 벨테브레이입니다. 1626년에 홀란디아호를 타고 고국을 떠났으며, 1627년에 아우워케르크호로 갈아타고 일본으로 출항했습니다. 하지만 우리 배는 역풍을 맞아 조선 해안 근처에 오게 되었고, 마실 물이 필요해 해안에 상륙했습니다.

그때 나를 포함해 세명의 선원이 이곳 주민들에게 붙잡혔고, 나머지 선원들은 작은 보트를 타고 도망쳤습니다. 그리고 우리가 타고 왔던 배도 즉시 떠나 버렸습니다."

그의 두 동료는 17년~18년전, 청나라가 조선을 침략했을 때[11] 목숨을 잃었다고 한다. 그들은 드레이프 출신의 디르크 헤이스베르츠와 암스테르담 출신의 얀 피테르서 베르바스트였는데, 그들은 벨테브레이와 마찬가지로 고국에서 동인도[12]로 온 사람들이었다.

우리는 그에게 어디 사는지, 생계는 어떻게 이어 가는지, 그리고 왜 이 섬에 왔는지 물었다. 그는 도성인 한양에 살고 있으며, 왕으로부터 생활비와 의복 등을 충분히 제공받고 있다고 말했다. 또한 그는 우리가 어떤 사람들이고 어떻게 이곳에 오게 되었는지 알아보기 위해 이 섬으로 보내졌다고 했다. 덧붙여 그는 여러 번 왕과 관리들에게 자신을 일본으로 보내 달라고 간청했지만 항상 거절당했다고 했다.

그들의 대답은 "당신이 새라면 그곳으로 날아갈 수 있겠지만, 우리는 외국인을 나라 밖으로 보내지 않는다, 당신에게 옷과 음식을 제공하며 보살펴 줄 테니 여생을 이 나라에서 살도록 하라."였다. 그는 우리를 위로해주며, 왕을 만난다 하더라도 별 다를 게 없을 거라고 일러주었다. 우리는 통역해 줄 사람을 만난 기쁨도 잠시 그 기쁨

---

11)   병자호란(1636년~1637년)을 일컫는다

12)   네덜란드령 동인도는 현재 인도네시아를 가리킨다. 네덜란드는 1600년 경부터 1945년(1949년)
      까지 약 350년간 이 지역을 지배했다.

은 곧 슬픔으로 변해 버렸다. 놀라운 사실은 57~58세쯤 된 이 남자가 모국어를 거의 잊어버렸다는 것이었다. 앞서 말한 바와 같이 처음에는 그의 말을 거의 이해하기 힘들었다. 하지만 우리와 함께 지낸 지 한 달 정도가 되자 다시 유창하게 모국어를 구사할 수 있게 되었는데, 이 또한 놀라운 일이었다. 목사는 앞서 말한 모든 내용과 선박과 선원들에게 일어난 일들을 모두 자세히 기록하도록 명령했고, 얀 얀스가 그 기록을 우리에게 통역해서 읽어 주었다. 이 보고서는 다음 순풍 때 조정으로 보내질 예정이었다. 목사는 매일 우리에게 용기를 주며 곧 답변을 받게 될 것이라고 말했다. 그리고 우리가 일본으로 가게 될 날이 올 것이라고 희망의 말을 건네 주었다. 우리는 이 말로 위안을 삼아야 했고, 목사는 재임기간 동안 우리에게 온전히 친절을 베풀었다. 목사는 벨테브레이가 그의 관리 중 한 명이나 상급 감독관과 함께 매일 우리를 방문하여 필요한 것이 없는지 살피도록 하고, 그에게 보고하도록 명령하였다.

12월

12월 초에 새로운 목사가 부임해 왔다. 이전 목사의 3년 임기가 만료되었기 때문이었다. 우리는 너무도 슬펐다. 새로 온 목사가 새로운 지침을 만들어 우리를 힘들게 할까 봐 걱정했는데, 그 우려는 현실이 되고 말았다.

이전 목사는 그가 떠나기 전에 우리 각자에게 긴 외투와 가죽 양말 한 켤레와 신발을 만들어 주어(날씨가 추워지고 우리가 가진 옷이 거의 없었

기 때문에) 추위를 이길 수 있게 해주었다. 보관해 두었던 책¹³⁾도 돌려

주었다. 또한 겨울동안 쓸 수 있도록 큰 항아리에 기름이 담아 선물

로 주었다. 그의 송별만찬에서도 우리는 후한 대접을 받았다. 그는

앞서 언급한 벨테브레이를 통해 우리에게 말을 전했다. 우리를 일본

으로 보내지 못하고, 적어도 자신과 함께 우리를 본토로 데려가지

못해 몹시 안타까워한다고 했다.

또한 그가 떠난다고 해서 슬퍼하지 말라고 당부했다. 궁에 도착

하면 우리가 해방될 수 있도록 모든 노력을 다할 것이며, 최소한 우

리가 빨리 섬에서 도성으로 갈 수 있도록 최선을 다하겠다고 말했

다. 우리는 그가 베풀어 준 그 모든 호의에 대해 진심 어린 감사의

뜻을 전했다.

새로 온 목사는 부임하자마자 우리에게 제공되던 반찬을 끊어버

렸다. 그래서 우리의 식사는 대부분 쌀밥에 소금과 물이 전부가 됐

다. 우리는 역풍 때문에 배가 뜨지 못해 아직 섬을 떠나지 못하고 있

던 전임 목사를 찾아가 이 문제에 대해 하소연을 했다. 그는 자신의

임기가 끝났기 때문에 본인이 할 수 있는 일은 없지만 새로 부임한

목사에게 이 문제에 관한 서신을 보내주겠다고 약속했다. 그 결과

신임 목사는 지속적인 불평을 피하기 위해 전임 목사가 섬에 머무는

동안은 우리에게 아주 적은 양이나마 반찬을 제공해주었다.

---

13)   이 중에 스페르베르호의 항해일지도 포함되었을 것으로 추측된다.

1654 년

1월

1월 초에 전임 목사가 떠나면서 우리의 상황은 심각하게 나빠졌다. 우리는 쌀 대신 보리를, 밀가루 대신 보리가루를 받게 되었고, 반찬은 아무 것도 받지 못했다. 그래서 반찬을 원한다면 보리를 팔아야 했다. 우리는 하루에 3/4파운드 (약 350그램)의 보리가루로 버텨야 했다. 그나마 다행히 매일 6명씩 외출하는 것은 계속할 수 있었다.

4월

봄이 왔고 계절풍(몬순)의 시기가 다가오고 있었지만, 여전히 왕의 답장은 도착하지 않았다. 시간은 계속 흐르고, 우리는 이 섬에 갇혀 생을 마감할까 봐 몹시 두려워졌다. 이런 불행한 상황 속에서, 우리는 탈출할 수 있는 여러 기회를 엿보았다. 매일 밤 해안가에 출항 준비가 되어 있는 듯한 배가 보였다. 우리는 이 배를 이용해 탈출할까 고민했다. 4월 말에 1등 항해사와 (나중에 나가사키로 탈출해서) 살아남은 동료 세 명을 포함해 총 여섯 명이 탈출을 시도하기로 했다. 배의 상태와 바다의 조수를 점검하기 위해 동료들 중 한 명이 담벼락을 넘었다. 그러자 개들이 짖기 시작했고, 경비는 더욱 강화되었다. 이렇게 탈출할 수 있는 기회가 날아가버렸다.

5월

5월 초에 항해사와 (앞서 언급한 세 명을 포함한) 동료 다섯 명이 그들

차례가 되어 외출을 했다. 그들은 도시 근처 작은 마을에서 배를 한 척 발견했다. 그 배는 출항할 준비가 되어 있었고, 배에는 아무도 타고 있지 않았다. 그들은 즉시 한 사람을 집으로 돌려보내 일인당 작은 빵 두 덩이씩과 꼬아 둔 새끼줄을 가져오도록 했다. 모두가 다시 모였을 때 각자 물을 조금 마셨다. 그 외에 아무것도 챙기지 않은 채로 배에 탔다. 그들은 앞에 있던 모래톱 위로 배를 끌어당겼다. 이를 본 몇몇 마을 사람들이 이게 무슨 상황인지 매우 놀라며 어리둥절한 표정을 지었다. 결국 주민 한 명이 집 안으로 들어가 머스킷총을 챙겨 나왔다. 그는 총을 들고 물 속에 뛰어들어 배를 쫓았다. 배는 간신히 탈출했지만, 한 명은 배에 오르지 못했다. 땅에서 밧줄을 풀어야 했기 때문에 배에 타지 못했던 것이다. 결국 그는 다시 육지로 돌아가야 했다. 배에 탄 일행들이 돛을 세워보려 했지만, 그들은 장비에 익숙하지 않아 돛대는 돛과 함께 쓰러져 배 밖으로 넘어갔다. 온갖 노력 끝에 간신히 돛대와 돛을 다시 끌어올렸고, 돛대를 새끼줄로 고정시킨 뒤 다시 돛을 세워보려 했다. 하지만 돛대의 나무 받침대가 부러져 돛은 또다시 물에 빠졌고, 이번에는 다시 끌어올릴 수 없었다. 결국 배에 탄 사람들은 그렇게 다시 해안으로 떠밀려 갔다. 이것을 본 육지 사람들이 즉시 다른 배로 그들을 쫓아갔다. 두 척의 배가 서로 부딪혀 만났고, 우리 일행이 그들의 배로 뛰어올랐다. 상대가 총을 들고 있었음에도 우리 선원들은 그들을 물에 던져 버리고 그 배를 이용해 도망갈 계획이었다. 하지만 배가 거의 물에 잠긴 것을 발견하고 탈출하기는 어렵다는 것을 깨달았다. 결국 모두가 해안가로 되돌아왔다. 우리 동료들은 곧바로 목사에게 끌려갔다. 그 동료들은 단단히 묶인 채 목에는 무거운 나무판과 쇠사슬이 채워졌으며, 한쪽 손은 그 나무판에 수갑처럼 고정되었다.

그렇게 끌려가 목사 앞에 던져졌다. 집에 갇혀 있던 다른 사람들도 단단히 포박당한 채 목사 앞으로 끌려갔다. 거기서 우리는 동료들의 비참한 처지를 목격했다. 목사는 그들에게 남아있던 다른 일행이 이 일을 알고 있었는지, 다른 사람들 몰래 도모한 일인지 물었다. 그들은 다른 일행들은 모르는 상태에서 일어난 일이라고 대답하였다. 이는 동료들이 곤란한 상황에 처해 처벌받지 않도록 하기 위해서였다. 목사는 그들에게 계획이 무엇이었는지 물었다. 그들은 일본으로 가려 했다고 답했다. 그러자 목사는 그렇게 작은 배로, 물도 없이, 빵 한 두조각으로 가능한 것인지 물었다. 그들은 이렇게 계속 죽은 듯 사느니 차라리 한번 죽고 마는 것이 나았을 거라고 대답했다. 목사는 그들을 풀어주었고, 길이가 한 길(1.8m)쯤 되며, 넓이는 손바닥 정도되며, 아래는 넓고 위쪽은 둥근 형태로 두께는 손가락 정도되는 막대기로 그들의 맨 엉덩이에 25대씩 곤장을 치게 하였다. 이 벌을 받은 뒤 그들은 약 한 달 동안 자리에 누워 지내야 했다. 이후 외출은 금지되었고, 우리는 밤낮으로 삼엄한 감시를 받았다.

이곳은 그들이 '스혜주'(제주)라고 부르고 우리가 '퀠파르트'라고 부르는 섬이었다. 이 섬은 앞서 말한 대로 북위 33도 32분에 위치해 있으며, 조선 본토의 남쪽 끝단에서 12~13마일(65km)정도 떨어져 있다. 북쪽 해안은 본토를 오가는 배가 드나드는 만이다. 숨겨진 암초

때문에 주변 뱃길을 잘 모르는 사람들에겐 이 해안으로 들어오는 것
자체가 아주 위험한 일이다. 그래서 이곳을 항해하는 많은 사람들이
거친 날씨를 만나 배가 드나들 수 있는 항만으로 가는 길을 놓치면
일본으로 향할 수밖에 없었다. 이 섬 주변에는 그 항만을 제외하면
배가 안전하게 정박할 곳이 없기 때문이다. 이 섬은 바다 속에 숨어
있거나 바다 위로 드러나 있는 암초들과 절벽으로 둘러싸여 있다.

　이곳은 인구가 많고, 식량이 풍부하며, 말과 소가 넘쳐나는데 여
기서 나온 많은 수익을 매년 왕에게 바친다. 주민들은 매우 가난하
고 단순하게 사는 사람들로, 본토에 사는 사람들에게 별로 존중받지
못하고 있다. 이 섬에는 나무가 아주 많고 높은 산이 하나 있다[14]. 나

---

14)　한라산

머지 산들은 대부분 낮고 나무가 없는 민둥산이며, 골짜기가 많아서 그곳에서 쌀을 재배한다.

5월 말에 오랫동안 기다렸던 왕의 답이 드디어 도착했다. 우리가 도성에 있는 궁으로 가야한다는 사실은 슬펐지만, 한편으로 이 힘든 감옥생활에서 풀려난다는 사실은 기쁘기도 했다. 6~7일 후 우리는 네 척의 배에 나뉘어 탔다. 우리가 배를 탈취해 도망칠 수 있다는 우려 때문에 그들은 우리의 두 다리와 한쪽 손을 나무로 된 족쇄에 묶어 두었다. 만약에 우리가 자유로운 상태로 배에 타고 있었다면 탈출을 시도할 수도 있었을 것이다. 우리와 동행한 호위병 대부분이 뱃멀미를 심하게 앓았기 때문이다.

이렇게 배에 탄 채 이틀을 보냈지만 역풍으로 더 진전하지 못하자, 우리는 다시 풀려나 감옥집으로 돌아갔다. 4~5일후에 바람이 잦아들었고, 우리는 아침 일찍 배에 올랐다. 이전처럼 다시 묶이고 감시를 받으며 배는 출발했다. 저녁이 되어 본토에 가까워졌고, 배는 닻을 내렸다. 아침이 되어 배에서 풀려나 육지로 나왔다. 하지만 여전히 군인들의 엄중한 감시를 받았다. 다음날 아침, 우리는 말을 타고 헤이남(해남)이라는 도시로 향했다. 우리가 탄 4척의 배가 모두 다른 곳에 상륙했기 때문에 우리 일행 36명 모두가 다시 만나게 된 것은 해남이었다. 다음날 우리는 주린 배를 조금 채운 후 다시 말에 올라 저녁에 이함(Ieham)이라는 곳에 도착했다. 그날 밤 포르뮈렌트 출신의 포수, 파울루스 얀서 콜이 사망했다. 선박이 침몰한 후에 그의 건강은 줄곧 좋지 못했다. 고을 지휘관의 명령으로 우리가 지켜보는 가운데 사람들이 그를 땅에 묻었다. 묘지를 떠나 다시 말을 타고 이동했고, 저녁 즈음에 나주(Naedjoo)라는 마을에 도착했다.

다음날 아침 우리는 다시 출발했고, 그날은 장성(Sangsiangh)이라는 곳에서 밤을 보냈다. 이튿날 아침 다시 출발해서 정읍(Tiongop)이라는 마을에서 밤을 묵었다. 그날 우리는 매우 높은 산을 넘었는데, 그 산에는 입암산성이라는 큰 요새가 있었다. 이 마을에서 밤을 보낸 후 아침에 다시 출발했고, 같은 날 태인(Teijn)이라는 고을에 도착했다. 다음날 아침에 다시 말을 탔고, 오후에는 금구(Kninge; Keum-Kou)라는 작은 마을에 도착했다. 이 곳에서 점심을 먹고 다시 출발해 저녁에 전주(Chentio)라는 큰 마을에 도착했다. 전주는 옛날에 왕의 궁정이 있던 곳이었는데 지금은 이곳에 전라도 관찰사가 거주하고 있다. 이 도시는 전국적으로 큰 상업 도시로 알려져 있지만, 내륙 지역이기 때문에 배를 타고 들어갈 수는 없다. 우리는 다음날 아침에 출발해서 저녁 때쯤 여산(Jehaen)이라는 마을에 도착했다. 여산은 우리가 전라도 지역에서 묵은 마지막 마을이었다. 다시 아침이 밝아 우리는 말을 타고 충청도에 위치한 은진(Gunjiu)에서 밤을 보냈다. 다음 날 연산(Jensoen)이라는 작은 마을을 향해 출발했다. 그곳에서 하루를 묵고, 이튿날 아침에 우리는 다시 말을 타고 떠났다. 저녁 무렵이 되어 공주(Congtio)라는 마을에 도착했다. 여기는 앞서 언급한 충청도의 관찰사가 머무는 곳이었다. 그 다음날 우리는 큰 강을 건너 왕궁이 위치한 경기도에 도착했다.

며칠동안 그렇게 여행을 하고 다양한 고을과 마을에서 밤을 보낸 뒤 우리는 마침내 큰 강[15]을 건너게 되었다. 그 강은 네덜란드의 도시인 도르드레흐트를 지나는 마스강만큼 컸다. 우리는 강을 건너 1 마일(5.5km) 정도를 이동한 후 아주 큰 성벽으로 둘러싸인 서울(시오르 Sior)이라는 도시에 도착했다. 우리가 서쪽 지방을 따라 북쪽으로 70~75마일(385~415km) 정도 쭉 이동해 도착한 이곳은 왕이 사는 곳이다.

그곳에 도착한 우리는 한 집에 모여 2~3일을 보냈다. 그곳에는 이미 중국에서 귀화한 사람들이 머물고 있었다. 우리는 2~4명씩 나뉘어 중국인 한 명당 각각 한 조가 분산 배치되었다. 그렇게 나뉜 후 우리는 모두 왕 앞으로 불려갔다.

15) 한강

왕은 앞서 언급했던 얀 얀스 벨테브레이를 통해 우리에게 여러가지 질문을 했다. 우리는 그의 질문에 최선을 다해 답했다. 우리는 왕에게 폭풍우로 인해 배를 잃게 되어 이렇게 낯선 땅에 오게 되었고, 부모, 아내, 자녀, 친구, 그리고 약혼녀와 헤어지게 되었다고 설명했다. 부디 왕께서 은혜를 베풀어 우리를 일본으로 보내주신다면 우리 민족과 모국으로 다시 돌아갈 수 있을 것이라고 간곡히 청했다. 왕은 벨테브레이를 통해 외국인을 조선 밖으로 내보내는 것은 조선의 관례가 아니라고 대답했다. 따라서 우리는 이 땅에서 생을 마감해야 하여, 대신 왕이 우리의 생계를 책임지겠다고 말했다. 왕은 우리에게 우리나라의 춤과 노래를 보여 달라고 했고, 우리나라에서 배운 것은 어떤 것이든 자랑해 보라고 했다. 그들은 그들 나름의 방식으로 우리를 잘 대접해 주었다. 그리고 우리에게 마(麻) 두 필씩을 주어

먼저 이 나라의 관습에 따라 옷을 지어 입으라고 했다. 그리고 우리는 다시 숙소로 보내졌다.

다음날 우리는 모두 훈련대장 앞으로 불려갔다. 이미 자주 언급된 벨테브레이를 통해 훈련대장이 말하길, 왕의 명령으로 우리가 왕의 경호를 맡게 되었으며, 매달 일인당 70 캐티(43kg)씩의 쌀을 지급받게 될 것이라고 했다.

그들은 우리에게 동그란 나무 패를 주었는데, 거기에는 (그들의 언어로) 우리의 이름, 나이, 출신, 그리고 왕을 위해 어떤 일을 하는지가 새겨져 있었다. 그 때에는 왕과 훈련대장의 낙인도 찍혀져 있었다. 또한 각자에게 머스킷총과 화약, 그리고 탄환도 배급해 주었다. 초승달과 보름달이 뜰 때마다 그를 방문하여 경의를 표하라는 명령도 받았다. 이는 그들의 문화로서 낮은 직급의 신하는 그들 상관에게, 그리고 대신들은 왕에게 경의를 표하는 의미였다. 왕의 행차로 훈련대장이 나갈 때 우리도 함께 동행해야 했다. 그는 일 년에 6개월동안 병사들을 훈련시키는데, 봄에 3개월, 그리고 가을에 3개월이었다. 매달 세 번의 훈련이 있는데, 이때 사격과 그밖의 다른 전투법을 연습한다. 결론적으로 말하자면, 그들은 마치 이 세상에서 가장 큰 전쟁에 대비하는 것처럼 군사훈련에 임한다. 우리를 지휘할 사람으로 한 중국인(중국인 호위병이 많았기 때문에)과 앞서 자주 언급된 벨테브레이가 임명되었다. 그들은 그들 방식으로 우리를 교육시키고 감독하는 역할을 맡았다. 우리는 각자 삼베 두 필씩을 받았고, 그것으로 생계를 유지하고 옷을 만드는 데에 써야 했다.

우리는 매일 많은 귀족들에게 불려갔다. 그들과 그들의 아내와 자녀들도 우리가 어떻게 생겼는지 보고 싶어 했기 때문이었다. 섬에 살던 일반인들은 우리가 사람보다는 괴물에 가깝다는 소문을 퍼뜨렸다. '무언가를 마실 때 코를 귀 뒤로 넘겨야 한다'거나, '머리카락이 금발이기 때문에 인간보다는 바닷속 동물 같다' 라는 소문이었다. 그리고 그 외에 더 많은 소문이 있었다. 우리를 본 많은 사람들은 매우 놀라워했고, (이 나라 사람들이 매우 좋아하는) 우리의 하얀 피부로 인해 우리를 자신들보다 더 나은 외모를 가진 사람들로 여겼다. 결론적으로 처음에는 거리를 다니기도 힘들었고, 우리가 묵는 숙소에서도 사람들의 관심때문에 제대로 쉴 수가 없었다. 결국 훈련대장은 그의 명령이나 허가 없이는 누구도 방문하지 못하도록 하는 금지령을 내렸다. 왜냐하면 노비들조차도 그들 주인의 허락 없이 우리를 숙소에서 불러내 놀림감으로 삼았기 때문이다.

8월

8월에 청나라인(타타르 Tartar; 만주족)들이 관례적으로 조공을 거두러 왔다. 청나라인들이 도성에 있는 동안 우리는 왕의 명령으로 커다란 요새로 보내졌다. 이 요새는 도성으로부터 6~7마일(35~40km)정도 떨어져 있었고, 그곳으로 가기 위해 아주 높은 산을 2마일 (11km)정도 올라가야 했다. 요새는 아주 견고하게 지어졌고, 전쟁이 일어나면 왕이 피난 갈 곳이라고 한다. 이곳에는 가장 높은 지위의 승려들이 거주하고 있고, 항상 3년치의 식량이 비축되어 있어 수천 명의 사람들이 모일 수 있다. 이 요새의 이름은 남한산성이다. 우리는 청나라 인들이 떠난 9월 2일, 또는 3일까지 이곳에 머물렀다.

11월

11월 말에는 날씨가 영하로 떨어졌다. 도성에서 1마일(5.5km)정도 떨어진 강이 꽁꽁 얼어붙어, 짐을 가득 실은 200~300마리의 말들이 줄지어 강을 건너갈 수 있을 정도였다.

12월

12월 초에 훈련대장은 우리가 극심한 추위와 가난으로 고생하고 있다는 것을 알고 그 상황을 왕에게 보고했다. 왕은 우리에게 가죽을 나눠주라고 명령했다. 그 가죽은 배가 섬에 좌초되었을 때 해변으로 떠밀려와 그들이 건져 말린 것으로, 이곳까지 배로 운송된 후에 보관하고 있던 것이다. 하지만 대부분은 썩거나 벌레 먹은 상태였다. 그렇지만 이 가죽을 팔아 가능한 한 추위를 잘 견뎌내라는 지시를 받았다. 우리는 서로 상의하여 두세 명씩 힘을 보태 작은 집들을 사기로 결정했다. (중국인) 숙소 주인들은 우리에게 매일 3마일(16km)씩 산을 올라 땔나무를 해 오도록 시켰는데, 혹독한 추위와 더불어 익숙하지 않은 일 때문에 우리는 많이 괴롭고 힘들었다. 신의 구원밖에는 해결책이 없다는 것을 깨달았기 때문에, 좀 더 나은 삶을 위해 이 이교도인들의 괴롭힘을 받는 것보다 좀 춥게 지내는 편이 더 낫겠다고 생각했다. 우리는 각자 3~4테일[17](약 113~150그램)씩의 은을 모아 한 채에 8~9테일(약 300~340그램의 은) 또는 28~30길더 정도의 작은 집들을 샀다. 남은 돈으로는 옷을 조금 마련했고, 이렇게 우리는 겨울을 버텨냈다.

1655년

3월

3월에는 앞서 언급한 청나라인들이 다시 왔다. 우리는 집밖으로 나가지 말라는 명령을 받았다. 청나라인들이 다시 떠나는 날, 암스테르담 출신의 일등 항해사 헨드릭 얀스와 하를렘 출신의 포수 헨드릭 얀서 보스가 땔감이 부족하다는 핑계를 대고 숲으로 갔다. 그들은 청나라인들이 지나갈 길목에 숨어 있었다. 청나라 사신이 수백명의 기마병과 병사들과 함께 그 곳을 지나갈 때, 두 사람은 그 행렬 사이를 헤집고 나왔다. 그리고 지위가 가장 높아 보이는 사신의 말 고삐를 잡았다. 일등 항해사와 포수는 조선의 옷을 벗어 던지고 그 속에 입고 있던 네덜란드 옷차림으로 청나라 사신 앞에 섰다. 이로 인해 큰 소란이 벌어졌다.

청나라 사신은 그들이 어느 나라 사람인지 물었지만 그들은 서로의 말을 이해할 수 없었다. 사신은 그날 밤 자신이 머무는 곳으로 항해사를 데려가라고 명령했다. 사신은 그를 호위하는 사람들에게 항

---

16)   테일(taijl)은 중국과 아시아에서 쓰이던 무게 단위로, 1테일은 37.7 그램에 해당된다.

해사의 말을 알아들을 수 있는 통역이 없는지 물었다. 이에 왕의 명령으로 앞서 자주 언급한 벨테브레이가 즉시 이들을 따라갔다.

우리도 모두 우리가 있던 마을에서 끌려 나와 왕궁으로 이동했다. 우리가 대신들 앞에 모두 모이자, 그들은 우리가 이 사건에 대해 이미 알고 있었는지 물었다. 우리는 이 일에 대해 전혀 몰랐다고 대답했다. 그럼에도 불구하고 일행의 외출을 알리지 않았다는 이유로 모두 엉덩이에 곤장 50대씩을 맞으라는 판결이 내려졌다. 이 모든 일이 왕에게 고해졌고, 왕은 우리가 폭풍우 때문에 이 나라에 오게 된 것이지 약탈과 도둑질을 일삼으려 이곳에 있는 것이 아니라고 말하며, 곤장 50대를 승인하지 않았다. 그는 우리를 다시 집으로 돌려보내고 추가 명령을 내릴 때까지 그곳에 있으라 지시했다.

항해사와 벨테브레이가 청나라인 앞으로 불려 가 여러가지 질문을 받았다. 왕과 대신들은 청 사신에게 뇌물을 주어 이 일을 청나라 황제에게 알리지 않도록 했다. 그들은 숨겨둔 대포와 물건들을 청나라 황제에게 바치게 될까 봐 두려워했다. 우리의 동료 두 명은 다시 도성으로 끌려가 곧바로 감옥에 갇혔다. 얼마 후 그들은 그곳에서 사망했다. 우리는 항해사와 포수가 자연사했는지 아니면 살해를 당한 것인지 확실히 알 길이 없었다. 그들이 감금되어 있는 동안 면회는 허락되지 않았기 때문이다.

6월
6월에 청나라 사신이 다시 조선으로 올 예정이라는 소식이 있었고, 우리는 모두 훈련대장에게 불려갔다. 대장은 벨테브레이를 통해 왕의 명령을 전했다. 퀠파르트섬(제주도)에 다시 배 한 척이 좌초되었는데, 연로한 벨테브레이가 그곳까지 가기엔 힘이 드니, 우리 중 조선말을 가장 잘하는 세 명이 가서 어떤 배인지 알아보라는 것이었다. 그래서 2~3일이 지난 뒤 우리 일행 중 조수와 조타수 그리고 선원 한 명이 조선인 호위병의 안내를 받아 그곳으로 떠났다.

8월

8월에 우리는 감옥에 갇혀 있던 두 명의 선원이 죽었다는 소식을 들었고, 청나라 사신이 다시 왔다는 사실도 알게 되었다. 우리는 집에 갇힌 채 삼엄한 감시를 받았다. 청나라인들이 떠난 후에도 2~3일이 지날 때까지는 외출을 할 수 없으며, 만약 집 밖으로 나오면 처벌을 받게 될 거라고 들었다. 청나라 사신이 도착하기 며칠 전에 우리는 제주도로 갔던 동료 세 명으로부터 편지를 받았다. 그들은 조선의 가장 남단에 위치한 한 요새에 머물고 있으며, 엄한 감시를 받고 있다고 했다. 청나라 황제가 우리의 존재를 알게 되어 우리를 내놓으라고 요구할까 봐 이들을 그곳으로 보낸 것이라고 말했다. 만약에 그런 일이 벌어질 경우, 총독(관찰사)은 그들이 제주도로 가는 도중 실종되었다고 보고, 우리를 이 나라에 계속 붙잡아 두려는 것이라고 편지에 적었다.

연말에 청나라 사신은 다시 조공을 받기 위해 얼음길을 지나 또 조선으로 왔다. 왕은 이전처럼 우리를 집에 가두고 철저히 감시했다.

1656년

1656년 초, 청나라 사신이 이미 두 번이나 조선을 방문했지만 우리에 대해서는 언급조차 하지 않았다. 그러자 우리를 귀찮게 여기던 몇몇 대신들과 고관들이 왕에게 요청하기를, 우리를 빨리 처치해 버리자고 했다. 이 문제에 대해 조정은 3일동안 논의를 거듭했다.

왕과 왕의 동생, 훈련대장, 그리고 우리를 지지하는 다른 고관들은 이 의견에 강력하게 반대했다. 훈련대장은 우리를 바로 죽이지 말고, 우리 중 한 명과 그들 중 두 명을 동등한 무기로 대결하게 하여, 우리가 죽을 때까지 싸우게 하는 것이 낫겠다고 했다. 그렇게 한다면 사람들이 국왕이 이방인들을 공개적으로 처형했다는 인식을 갖지 않을 것이라고 했다. 이 사실은 우리에게 우호적인 사람들이 비밀리에 전해주었다.

그들이 논의를 하는 동안 우리는 집에 머물라는 명령을 받았다. 우리는 앞으로 무슨 일이 벌어질지 알 수 없었다. 벨테브레이는 우리에게 짧게 귀뜸해 주었다. "당신들이 만약 앞으로 사흘동안 목숨이 붙어 있게 된다면 앞으로 더 오래 살게 될 것이오."

왕의 동생이 그 회의의 수장 역할을 맡았는데, 마침 그가 회의장을 오가는 길이 우리 마을을 지나는 길목이었다. 우리는 그를 기다렸다가 그의 앞에 엎드려 간청했다. 그는 우리를 매우 안쓰럽게 여겨, 왕에게 우리의 얘기를 전했다.

결국 왕과 왕의 동생 덕분에 많은 관료들의 반대에도 불구하고 우리는 목숨을 보존할 수 있었다. 하지만 우리에게 적대적인 사람들은 우리가 또다시 청나라 사신을 찾아갈 것이며, 앞으로 더 큰 문제를 일으킬 수 있다고 주장하였다. 왕은 이들의 권유를 듣고 우리를 전라도로 유배 보내기로 결정했다. 그래도 우리는 일이 잘 풀린 거 같아 행복했다. 왕은 우리에게 매달 자신의 수입에서 쌀 50캐티(30~31kg)를 보내주었다.

3월

3월 초, 우리는 말을 타고 도성에서 출발했다. 벨테브레이와 다른 지인들은 도성에서 1마일(5.5km) 정도 떨어진 강가까지 와서 우리를 배웅했다. 우리가 나룻배에 오르자 벨테브레이는 다시 도성으로 돌아갔다. 이때가 우리가 벨테브레이를 보았던 마지막 순간이었고, 그 후로 그에 대한 소식을 듣지 못했다.

우리는 영암(Jeham)을 향해 이동했다. 여행 길에 예전에 지났던 마을들을 거치면서 각 마을에서 나랏돈으로 음식과 말을 제공받았다. 마침내 영암에 도착했고, 그곳에서 하룻밤을 묵었다. 우리는 아침에 다시 출발해 오후에 요새가 있는 큰 고을에 도착했다. 이 고을을 '대창(Duijtsiang)', 혹은 '전라병영'이라고 불렀다. 이곳은 관찰사 다음으로 권력 있는 전라도의 군사령관(절도사)이 거주하는 곳이었다.

우리를 호위한 병사는 왕의 서찰과 함께 우리를 절도사에게 넘겼다. 병사는 작년에 도성에서 내려온 우리 동료 세 명을 즉시 데려오라는 명령을 받았다. 그 동료들은 부사령관(수군절도사)이 거주하는 곳에 머물고 있었는데, 그곳은 12마일(66km)정도 떨어진 요새에 있었

다. 곧이어 우리는 다 함께 살 수 있는 집 한 채를 받았다. 3일 후에
세 명의 동료들도 합류해 우리의 인원은 총 33명이 되었다.

4월

4월 무렵, 우리는 가죽도 조금 받았다. 이 가죽은 너무 오랫동안
섬에 방치되어서 도성으로 보낼 만한 가치가 없어진 것들이었다. 그
러나 우리가 머물던 곳이 섬에서 18마일(99km) 정도 밖에 떨어져 있
지 않았고 해안가에서 가까웠기 때문에 자연스럽게 우리에게 전달
된 듯했다. 이 가죽으로 우리는 다시 약간의 옷을 장만하고, 새로운
숙소에 필요한 물건들을 마련했다. 지방관은 우리에게 한 달에 두
번씩 관청 앞 광장이나 마당의 잡초를 제거하고 깨끗이 관리하라고
지시했다.

1657년

연초에 지방관은 업무에 관련된 몇 가지 실수로 인해 국왕의 명령에 따라 소환되었다. 그는 인생에서 큰 역경을 맞게 되었지만, 백성들의 신망이 두터운 사람이었다. 그를 변호하는 강력한 목소리와 명망 높은 가문 덕분에 그는 국왕에게 사면을 받았고, 이후 더 높은 지위에 임명되었다. 그는 우리와 지역 주민들 모두에게 아주 좋은 사람이었다.

2월

2월에는 새로운 지방관이 부임해 왔는데, 이전 지방관과는 달리 우리를 자주 부역에 동원했다. 이전 지방관이 무상으로 제공해 주던 땔감도 곧바로 중단시켜 버렸다. 우리는 3마일(16.5km)이나 되는 산길을 오가며 직접 장작을 구해와야 했다. 이는 참으로 고통스러운 일이었지만, 다행히 오래가지는 않았다. 9월에 그가 심장마비로 사망하여, 우리는 그 고통에서 벗어나게 되었다. 우리 뿐만 아니라 지역 주민들조차도 그의 엄격한 통치가 끝난 것을 기뻐했다.

11월

11월에 조정에서 새로운 지방관이 왔는데, 그는 우리에게 전혀 관심이 없는 사람이었다. 우리가 옷이나 다른 것들을 부탁하면 그는 왕으로부터 우리에게 쌀을 제공해 주라는 명령만 받았다고 답했다. 그 외에 필요한 물건들은 우리가 알아서 스스로 해결하라고 했다.

끊임없이 장작을 운반해야 했기 때문에 우리가 입고 있던 옷은 다 헤졌고, 추운 겨울은 다가오고 있었다.

우리는 이곳 사람들이 호기심이 많고 이국적인 것에 대한 이야기 듣는 것을 좋아한다는 점과, 구걸하는 것이 이 나라에서는 창피한 일이 아니라는 점을 이용하기로 했다. 우리의 상황은 간절했고, 그래서 사람들에게 이야기를 들려주거나 구걸하여 생계를 유지하기로 했다. 이렇게 얻은 것과 배급품에서 남은 것을 융통해서 추위를 견디고 필수품을 구입할 수 있었다. 어떨 때는 밥에 넣을 소금 한줌을 구하기 위해 0.5마일(3km)이나 걸어야 하는 경우도 있었다.

결국 우리는 지방관에게 다시 사정했다. 너덜너덜해진 옷으로 오랜 시간동안 땔감을 하러 다니며, 그것을 사람들에게 팔고 다니는 것이 얼마나 힘든지, 그리고 대부분의 식사가 쌀, 소금, 그리고 물 뿐인 이 상황이 얼마나 서럽고 비참한지를 설명했다. 그리고 3-4일씩 번갈아 외출을 허락해주면, 주변에 사는 농부들과 사찰(그 주변에 사찰이 많았다.)에 있는 스님들을 방문해 필수품을 얻으면서 겨울을 날 수 있게 해달라고 요청했다. 지방관은 이를 허락해주었다. 이렇게 약간의 옷가지도 얻으며 우리는 그렇게 겨울을 보낼 수 있었다.

1658년

연초에 지방관이 다른 곳으로 소환되고 새로운 지방관이 부임했다. 새 지방관은 다시 우리의 외출을 금지시키려는 의도에서 매년 3

필의 포목(9길더 상당)을 공급해 주는 대신 매일 나와서 일할 것을 제
안했다.

하지만 우리가 판단하기에 그렇게 일을 하면 옷이 더 빨리 헤질
것이고, 부식이나 장작과 같은 다른 필요한 물건들도 따로 조달해
야 했다. 게다가 그해는 곡물 수확이 좋지 않아 모든 것이 비싸고 귀
했다. 그래서 우리는 그 제안을 정중히 거절하고 대신 번갈아 가며
15~20일씩의 휴가를 간청했다. 지방관은 우리의 청을 허락했는데,
그때 우리 일행에게 장티푸스가 돌고 있었고 그들이 이 병을 무척
두려워했기 때문이기도 했다. 그는 집에 남은 사람들이 환자를 잘
돌볼 것과, 우리가 도성과 일본인 정착촌 근처에 가지 않도록 주의
할 것을 명령했다.

우리는 잡초 뽑는 일과 더불어 때때로 다른 부역을 해야만 했다.

1659년
4월

4월에는 왕이 서거했고, 청나라의 동의를 얻어 왕의 아들(현종)이
새 국왕으로 즉위했다. 우리는 이전의 생활 방식을 이어갔다. 대부
분의 수입은 승려들로부터 받은 것이었는데, 그들은 가난한 사람들
에게 자비를 베풀었고, 우리에게 매우 호의적이었다. 특히 우리나라
와 다른 나라의 문화에 대한 이야기를 들려주면 많은 관심을 보였
고, 다른 나라에서 일어나는 일들에 대해 무척 듣고 싶어 했다. 만약

우리가 지치지만 않았다면, 그들은 며칠 밤을 새도록 우리 이야기를 듣겠다고 했을 것이다.

1660년

연초에 지방관이 떠나고 새로운 사람이 그 자리에 부임해 왔다. 새로 온 지방관은 우리를 아주 잘 대해주었다. 종종 그가 말하기를, 만약 모든 것을 자신의 뜻대로 할 수 있거나 자신에게 권한이 주어진다면, 우리를 다시 고국과 부모, 그리고 친구들이 있는 곳으로 돌려보내고 싶다고 했다. 그는 우리에게 자유를 주었고, 이전 지방관들이 시켰던 부역의 의무를 없애 주었다.

1661년~1662년

이듬해와 그 다음 해에는 비가오지 않아 곡물과 다른 작물의 수확이 매우 저조했다.

1662년에는 새로운 작물이 나올 때까지 상황이 더 악화되어 수천 명의 사람들이 굶어 죽었다. 노상강도들 때문에 길을 제대로 다닐 수 없었다. 왕은 모든 길에 강력한 경비병을 배치하여 여행자들을 보호하게 하고, 길가에서 굶어 죽은 사람들을 매장하도록 했으며, 살인과 강도를 막으려고 했다. 이러한 일들이 매일 일어났기 때문이다. 여러 도시와 마을이 약탈당했다. 왕실 창고가 부서지고 곡식이 도난 당했지만 범인들은 잡지 못했다. 이는 대부분 양반의 노비(하인)들이 저지른 일이었기 때문이다. 평민들과 가난한 사람들은 살아남기 위해 주로 도토리와 소나무 속껍질, 들풀을 먹고 연명했다.

1662년 ～1663년

올해 초, 이미 3년째 지속된 흉년으로 인해 많은 사람들이 고통받고 있었다. 앞에서 언급한 바와 같이 일반 평민들은 더 이상 생계를 이어 나가기가 힘들었다. 그럼에도 어떤 마을은 다른 마을에 비해 농작물 수확 상황이 좀 나았는데, 특히 저지대에 위치한 마을이나 강가나 습지에 있는 마을에서는 조금이나마 쌀을 생산할 수가 있었다. 만약 그 쌀조차 없었더라면, 이 나라 전체가 굶어 죽었을 것이다. 이러한 상황에서 우리에게 계속 배급을 주는 것이 어렵게 되었고, 지방관은 이 사실을 관찰사에게 알렸다. 우리에게 제공되었던 배급은 왕의 개인 사재에서 나온 것이었기 때문에, 왕의 허락 없이는 우리를 다른 도시로 보낼 수도 없었다.

2월

2월 말, 지방관은 우리를 세 도시로 나누어 보내라는 명령을 받았다. 우리는 여수로 12명, 순천으로 5명, 그리고 남원으로 5명이 보내졌다. 이렇게 서로가 헤어지게 되어 무척 슬펐다.

우리는 그곳에서 가구가 갖추어져 있고 작은 정원도 딸린 집을 얻어 그 나라 방식대로 꽤나 잘 꾸미고 살고 있었는데, 힘들게 얻은 그 모든 것을 이제는 다 두고 떠나야만 했다. 우리는 이렇게 어려운 시기에 새로운 도시로 가게 되면 이런 것들을 다시 마련하기가 쉽지 않다는 것을 알고 있었다. 하지만 이 슬픔은 탈출에 성공한 이들에게는 나중에 큰 기쁨으로 바뀌게 된다.

3월

3월 초, 지방관과 작별 인사를 나누고 그가 베풀어준 호의와 친절한 대우에 감사의 뜻을 표한 후, 우리는 각자의 도시로 떠났다. 지방관은 환자들을 이송하고 우리가 가진 약간의 짐을 실어 나를 수 있도록 말들을 내주었지만, 건강한 사람은 두 발로 이동해야 했다. 순천과 여수로 떠나는 사람들은 같은 길을 따라 이동했다. 첫날 밤, 어떤 도시에 도착해 그곳에서 묵었고, 다음 날 밤에도 다른 도시에서 묵었다. 나흘째 되는 날 순천이라는 도시에 도착했다. 그 다음 날, 그곳 순천에 머물기로 되어있는 5명을 남겨두고 우리는 다시 그곳을 떠났다.

그날 밤 우리는 국가가 관리하는 한 창고에서 잠을 잤고, 해가 뜨는 대로 출발해서 9시쯤 여수에 도착했다. 여수까지 동행했던 지방관의 부하가 우리를 전라도의 지방관 겸 수군대장(전라좌수사)에게 인계했다. 그는 몇몇 가재도구가 있는 집을 제공하고, 이전에 우리가 받던 것과 같은 양의 배급을 해주었다. 그 지방관은 착하고 다정한 사람이었으나, 우리가 도착한 지 이틀 만에 그곳을 떠났다.

그가 떠난 지 사흘이 지나고 새로운 지방관이 그 자리에 부임해 왔다. 그리고 우리에겐 고문과도 같은 시기가 시작되었다. 지방관은 여름에는 뜨거운 태양 아래에, 겨울에는 비와 우박, 눈을 맞으며 매일 아침부터 늦은 저녁까지 우리를 그의 앞에 세워 두었다. 날씨가 좋은 날에는 화살 줍는 일만 시켰다. 그의 부하와 신하들 모두 하나같이 최고의 궁수가 되려는 듯 매일같이 활과 화살로 연습했기 때문이었다. 이밖에도 그 지방관은 우리에게 더 많은 부역을 시켰다. 그는 이렇게 기독교인들을 괴롭힌 탓에 결국 하느님의 벌을 받게 되었는데, 이 이야기는 나중에 하도록 하겠다. 우리는 이렇게 힘겹게 일을 했고, 우울한 날들을 보냈다.

겨울이 다가오고 있었다. 흉년으로 인해 우리는 입고 있던 옷을 제외하면 아무것도 가진 것이 없게 되었다. 다른 두 도시에 있는 우리 동료들은 풍부한 수확 덕분에 옷을 좀 더 마련할 수 있었다. 우리는 이 모든 상황을 지방관에게 설명하고 제안을 했다. 우리 중 반은 3일 동안 일을 돕고, 나머지 반은 그 기간동안 밖에 나가 약간의 돈을 벌 수 있게 해달라고 했다. 그리고 교대로 이러한 방식을 계속 유지할 수 있게 해달라고도 했다. 이 정도에서 만족해야 했다. 하지만 나중에 다른 고관들의 동정을 얻어, 우리가 보름에서 한 달 동안 외출을 해도 모른 척 눈감아 주었다. 이렇게 교대로 나가 돈을 벌고 그것을 공평하게 나누어 가졌다.(우리는 계속 이런 식으로 일했고, 이는 1664년 초 그 지방관이 떠날 때까지 계속되었다.) 1664년 초, 그 지방관이 떠날 때까지 우리는 계속 이런 식으로 일했다.

1664년

1664년, 그의 임기가 만료되었고, 왕은 그를 전라도의 사령관(병마절도사, 그러니까 전라도에서 서열이 두 번째인 관직)에 임명하였다. 우리는 새로운 지방관을 맞이했다. 새 지방관은 우리의 모든 부담을 덜어주었다. 그리고 다른 고을에 있는 동료들처럼 한달에 두 번 점호에 참석하고, 서로 돌아가며 집을 관리하고, 외출하고자 할 때는 그에게 미리 허가를 요청하거나 필요할 때 우리를 찾을 수 있도록 관리에게 알리는 것만 하면 된다고 지시했다.

우리는 그토록 악한 사람으로부터 해방되고 이렇게 선한 사람을 맞이하게 된 것에 대해 하느님께 감사드렸다. 새 지방관은 우리에게 선처를 베풀었고, 큰 친절을 보여주었다. 그는 우리를 가끔씩 불러 음식을 대접해 주었고, 항상 우리를 가엾게 여겼다. 지방관은 우리에게 왜 해안가에 살면서 일본으로 가려 하지 않느냐고 여러 번 물었다. 우리는 왕이 그것을 허락하지 않았고, 우리는 일본으로 가는 길을 모르며, 탈출할 배도 없다고 항상 대답했다. 이 대답을 들은 그는 해안가에 배가 충분하지 않느냐고 반문했다. 우리는 그 배들이 우리 것이 아니므로 만약 우리가 탈출에 실패한다면 국왕은 도망간 죄만 묻는 것이 아니라 다른 사람의 배를 훔친 죄에 대해서도 처벌할 것이라고 답했다. 우리는 그들의 의심을 사지 않기 위해 이렇게 말했고, 그때마다 그는 크게 웃었다. 우리는 좋은 기회라고 생각했고, 모두가 배를 구하기 위해 최선을 다했다. 하지만 우리에게 호의적이지 않은 몇몇 사람들의 방해로 거래는 항상 실패로 끝났고, 배는 여전히 구할 수가 없었다.

　그곳을 떠났던 전임 지방관은 약 6개월간 직무를 수행한 뒤, 그의 가혹한 통치로 인해 국왕의 명령으로 소환되었다. 그는 양반이든 평민이든 상관없이 사소한 실수만 해도 사람들을 때려 죽음에 이르게 했다. 이로 인해 그는 왕 앞에서 정강이 90대를 맞고, 종신 유배형에 처해졌다.

　그해 말, 우리는 처음에 꼬리가 달린 별 하나를 보았고, 그 이후에는 꼬리 달린 별 두 개가 더 보였다. 첫 번째 별은 남동쪽 하늘에 두 달 동안 보였고, 두 번째 별들은 남서쪽에서 보였는데, 이 두 별들의 꼬리는 서로를 향하고 있었다. 이러한 현상은 조정에 큰 공포를 불러 일으켰다. 국왕은 해안의 모든 항구와 전함들을 잘 정비하도록 했고, 모든 요새에 식량과 군수품을 충분히 비축하도록 명령했다.

　기병과 병사들은 매일 훈련을 했다. 누군가 그들을 공격하러 올 거라는 생각밖에 하지 않았다. 해안에 위치한 집들이나 해변 마을에서는 밤에 불을 밝히는 것이 금지되었다. 일반 백성들은 자신이 가진 재산을 거의 다 써버렸고, 다음 추수때까지 생활할 수 있을 만큼만 남겨 두었다.

　이는 청나라인들이 이 땅을 침략하기 전에도 하늘에서 이와 비슷한 징조를 보였기 때문이고, 일본과 전쟁이 났을 때도 마찬가지였다. 이러한 사정 때문에 조선인들은 이 현상을 여전히 두려워했다. 지위고하를 불문하고 만나는 관리들마다 우리 나라에서는 이 현상을 보면 뭐라고 하는지 우리에게 끊임없이 물었다. 우리는 이러한 현상이 하늘에서 내리는 천벌의 징조로 여겨지며, 보통 전쟁이나 기근, 그리고 심각한 병이 시작될 것을 의미한다고 말했다. 그들은 우리의 말에 동의했다.

1665년

올해도 힘겹게 보냈다. 우리는 배를 구해보려고 했지만 계획은 번번히 실패했다. 우리에게는 작은 배 한 척이 있었는데, 그 배를 이용해 먹을 것을 구하고, 섬들 근처에 가서 상황을 살펴보곤 했다. 전능하신 하느님이 우리에게 언젠가는 탈출의 기회를 주시지 않을까 희망을 품고 있었다.

다른 두 도시에 있던 동료들은 교체되는 지방관에 따라 좋은 대우를 받기도 하고, 때로는 나쁜 대우를 받기도 했다. 우리 지방관들과 마찬가지로 그들의 지방관들 중에는 우호적인 사람도 있었고 못살게 구는 사람도 있었다. 하지만 우리는 이 모든 상황을 달게 받아들여야 했다. 우리는 이교도의 낯선 땅에 있는 힘없는 포로라는 것을 알고 있었기 때문이다. 그들이 우리를 살려 두고, 굶어 죽지 않도록 음식을 제공해 주는 것에 대해 하느님께 감사드렸다.

1666년

올해 초, 우리는 다시 좋은 친구를 잃었다. 그의 임기가 만료되어 국왕이 그에게 더 높은 직책을 내렸기 때문이다. 그는 2년 동안 우리에게 많은 친절을 베풀었고, 그의 선함 덕분에 주민들과 농부들에게 많은 사랑을 받았다. 왕과 고관들은 그의 선정과 학식을 높이 평가했다. 그의 재임 기간 동안 도시와 마을의 집들이 크게 개선되고, 해안 지역과 전함들도 잘 정비되었다. 이는 조정에서 매우 높이 평가하며 국왕이 그에게 그러한 직책을 하사한 것이다.

그가 떠난 지 3일이 되었을 때, 새로운 지방관이 왔다. 해안은 사령관(수군절도사) 없이 오래 비워 둘 수가 없기 때문에 후임자가 올 때까지 전 지방관은 마을을 벗어나면 안되었다. 이는 점쟁이들이 지정한 좋은 날을 기다려 고을에 부임하거나 직책을 시작할 수 있기 때문이기도 하다. 새 지방관이 왔고, 그는 이전에 추방된 지방관이 했던 것처럼 우리를 교육시키려 했다. 하지만 그의 통치는 오래가지 않았다.

신임 지방관은 매일 우리에게 벼 찧는 일을 시켰다. 우리는 전임 지방관은 이런 종류의 일을 시킨 적이 없었다고 말했다. 우리는 배급 받은 것으로 겨우 먹고 살 수 있을 정도이고, 옷과 다른 필수품을 얻기 위해 구걸하는 것만으로도 충분히 바쁘다고 말했다. 왕이 우리에게 노동을 시키려고 이곳으로 보낸 것이 아니라고도 했다. 배급을 주는 대신 자유롭게 돌아다니게 해준다면 우리가 직접 음식과 옷을 구할 것이고, 그렇지 않으면 일본이나 우리 나라로 돌아갈 수 있게 해달라고 말했다. 우리는 그와 비슷한 이유들을 늘어놓았다. 하지만 그는 아무런 대답도 하지 않았다. 그리고는 나중에 어떻게 할지 알려주겠다며, 우리에게 물러가라고 명령했다.

하지만 곧 그의 상황에 급격한 변화가 생겼다. 얼마 지나지 않아 전함 훈련이 있었는데, 포수의 부주의로 화약 상자에 불이 붙었다. 화약 상자[17]가 항상 돛대 앞에 있었기 때문에, 폭발로 인해 배의 앞부분이 대부분 파괴되었다. 이 사고로 다섯 명이 목숨을 잃었다.

그는 이 불행한 사고를 관찰사에게 알리지 않고 숨기려고 했다. 하지만 상황은 그의 생각과 다르게 전개되었다. 왕은 전국 방방곡곡에 감찰관을 파견해 두고 항상 감시하고 있었기 때문에, 감찰관들이 이 사실을 곧바로 관찰사에게 알렸다. 관찰사는 이를 즉시 조정에 보고했고, 지방관은 국왕의 명령으로 체포되어 정강이에 90대의 매를 맞고 종신 유배형에 처해졌다. 이는 그가 이 사고를 숨기려 했고, 또 자신의 상관에게 알리지 않은 채 혼자서 책임을 지려고 했기 때문에 받은 벌이었다.

7월에는 또 다른 지방관이 부임해 왔다. 그는 전임 지방관과 마찬가지로 우리에게 힘든 일을 시키려고 했다. 이 신임 지방관은 우리에게 매일 100패덤(약 180m)의 새끼줄을 꼬도록 시켰다. 하지만 이것은 우리에게 불가능한 일이었다. 우리는 전임 지방관에게 했던 것처럼 그에게 이를 설명하고 우리의 사정을 알렸으나, 아무런 효과가 없었다. 그는 우리가 이 일을 할 수 없다면 다른 노동을 시키겠다고

---

17) 이것은 해안에 있는 어부들이 신호를 보내기 위해 사용했던 화약을 의미할 것으로 생각된다. 이것은 강한 불빛을 내는 봉화 역할을 했던 화약으로, 나무로 된 통 안에 보관했다.

말했다. 만약 그가 면직되지 않았더라면 분명히 그의 계획대로 되었을 것이다.

그렇게 되었다면 우리는 노예와 같은 삶을 살아야 했을 것이다. 그가 우리에게 부역을 시켰더라면, 그의 후임들도 틀림없이 우리에게 똑같이 노동을 시켰을 것이기 때문이다. 전임 지방관이 도입한 일은 후임들이 쉽게 폐지하지 않는다. 우리는 병영에서 부역을 하고, 잡초를 뽑고, 보초를 서고, 화살을 줍던 경험을 통해 잘 알고 있었다. 우리는 아마도 그 일을 계속 하고 있었을 것이다. 다행히 우리가 매우 좋은 지방관을 만나지 않았다면, 그리고 그의 재임기간 동안 구걸로 배 2~3척을 살 수 있을 만큼 돈을 모으지 않았다면 말이다. 그렇지 않았다면 우리는 배를 구하기 어려웠을 것이다. 우리는 배를 구하기 위해 모든 수단과 방법을 알아보았다. 이교도의 나라에서 항상 걱정과 슬픔을 안고 살며, 노예 생활에 시달리는 것보다 차라리 일단 탈출을 시도해 보는 것이 낫다고 생각했다. 우리는 매일 적대적인 사람들로부터 온갖 괴롭힘을 당하고 있었기 때문이다.

결국 우리는 이웃에 살고있는 우리와 가까운 조선인 한 사람과 거래를 했다. 그는 매일같이 우리 집에 와서 음식과 술을 종종 먹던 사람이었다. 우리는 그에게 은밀한 거래를 제안을 했다. 목화를 구하러 함께 섬으로 가자고 거짓말을 하며, 배 한 척을 사달라고 부탁을 했다. 그리고 목화를 구해 돌아오면 그에게 더 많은 이윤을 주겠다고 약속했다. 이 말로 그가 적극적으로 배를 사도록 부추기고자 한 것이다. 그는 즉시 배를 구할 수 있는지 알아보더니, 한 어부에게 배를 샀다.

우리는 그에게 돈을 건네 주고, 배를 넘겨받으려 했다. 하지만 바로 그때 배를 사려는 사람이 우리라는 것을 들은 배 주인은 이 거래는 당사자와 이루어진 거래가 아니라며 판매를 취소하려고 했다. 만약 우리가 이 배로 도망이라도 가게 되면 자신은 죽게 될 것이라고 말했다. 이 말은 명백한 사실이었다. 하지만 우리는 배 가격의 두 배나 되는 돈을 지불하며 그의 마음을 달랬다. 그는 앞으로 닥칠 곤경보다는 눈 앞의 돈을 더 중요하게 여겼고, 우리는 지금 손에 쥔 기회가 간절했기에, 양측 모두 거래가 성사될 수 있었다.

우리는 즉시 돛, 닻, 밧줄, 노, 그리고 배에 필요한 모든 것을 준비했다. 계절풍의 시기가 지나고 기후가 가장 좋을 때 즈음인 9월 초순에 우리는 떠날 예정이었다. 전능하신 하느님께서 우리를 인도하시길 기도했다. 우리는 다른 도시에 있는 동료들과 서로 자주 방문하곤 했었는데, 때마침 동료 두 명, 그러니까 부선의 마테우스 이보켄(Matheus Ibocken)과 코르넬리스 디르크스(Cornelis Dircksz.)가 우연히 순천에서 우리를 보러 왔다. 우리는 그들에게 우리의 계획을 알렸고, 동료들은 즉시 우리 계획에 동의하고 우리와 함께 하기로 했다. 그들과 함께 순천에 살고 있던 얀 피터르서(Jan Pieterse)는 항해 경험이 많은 사람이었다. 우리 일행 중 한 명이 그에게 가서 우리는 준비가 다 되었다는 사실을 알리기로 했다. 도시에 도착해보니 얀 피터르서가 남원에 있는 다른 동료들을 만나러 갔다는 것을 알게 되었다. 남원은 그곳에서 15마일(약 83km) 정도 더 떨어진 곳이었다. 우리 동료는 즉시 그를 데리러 갔고, 4일 만에 그와 함께 우리에게 돌아왔다. 그러니까 그들은 그 며칠동안 왕복 약 50마일(약 278km) 정도를 이동한 것이었다.

우리는 함께 모여 신중하게 계획을 짰다.

9월 4일

땔감을 포함해 모든 준비를 마쳤다. 달이 지고 썰물이 들기 전에 닻을 올리기로 했다. 이미 동네 사람들 몇몇이 수군거리고 있었으며, 우리는 이제 모든 일을 하느님께 맡기고 진행하기로 했다. 무엇보다 우리가 배에 실을 모든 물건들을 도시 성벽을 넘어 운반해야 했기 때문에, 이웃들의 의심을 잠재워야 했다. 저녁 시간에 우리는 함께 즐거운 시간을 보내는 척했다.

그러면서 쌀과 물, 냄비와 그 외에 필요한 물건들을 배에 실었다. 달이 질 무렵, 성벽을 넘었고, 우리는 배에 올랐다. 그리고 물을 좀 더 구하기 위해, 도시에서 대포 사정거리만큼 떨어진 한 섬으로 갔다. 물을 채운 뒤, 우리 배는 마을을 통과하고 전함을 지나야 했다. 그곳을 무사히 통과한 후에 우리 배는 순풍을 받았다. 해류의 방향도 우리 편이었다. 우리는 이제 돛을 올리고 만을 빠져나갔다. 날이 밝을 무렵, 배 한 척이 우리에게 신호를 보냈지만, 경비선일지도 모른다는 두려움에 응답하지 않았다.

9월 5일

다음 날인 9월 5일, 해가 뜰 무렵에 바람이 잦아 들었다. 우리는 그들이 쫓아올까, 혹시 돛 때문에 들키지 않을까 두려워서 아예 돛을 내리고 노를 젓기 시작했다.

정오쯤 다시 서쪽에서 불어오는 바람이 선선하게 느껴졌다. 우리는 다시 돛을 세워 남동쪽으로 항로를 잡았다. 저녁때가 되자 서풍이 매우 강하게 불어왔고, 우리 몸이 뻣뻣하게 굳는 듯했다. 우리는 조선의 끝자락을 스쳐 지나고 있었다. 이젠 더 이상 붙잡힐 걱정은 없었다.

9월 6일

6일 아침, 우리는 처음으로 가까이 있는 일본 섬을 발견했다. 우리 배는 순풍을 등에 업고 일정한 속도를 유지하며 항해를 계속했다. 저녁 무렵에는 히라도 근처에 도달하였는데, 이것은 나중에 일본인들을 통해 알게 된 사실이다. 우리 일행 중 누구도 일본에 가본 사람이 없어서 이 해안에 대해 잘 알지 못했다. 조선인들도 정확하게 설명해 주지는 않았었다. 그들은 우리에게 나가사키로 가려면 오른쪽에 섬들이 있으면 안된다고 말했다. 언뜻 보기에 매우 작아 보이는 섬 하나가 있었는데, 우리는 그 섬 위쪽으로 가기 위해 방향을 틀었다. 그날 밤 우리는 육지의 서쪽에 있었다.

9월 7일

9월 7일, 선선하게 불다가 또 변덕스럽게 풍향이 바뀌는 바람을 맞으며, 우리는 섬들을 따라 항해했다. 이곳은 여러 섬들이 줄지어 나란히 놓여 있다는 것을 알았다. 저녁이 되어 날씨를 보니 바람이 무척 거세게 불 것 같았다. 우리는 밤 동안 배를 정박시킬 작은 섬을 향해 노를 저었다. 하지만 작은 섬들에 불빛이 많은 것을 보고 그냥 계속 항해하는 편이 낫겠다고 판단했다. 우리는 때마침 불어오는 순풍을 맞으며 추위 속에서 밤새도록 항해했다.

9월 8일

9월 8일, 우리는 전날 저녁과 같은 곳에 있다는 사실을 발견했다. 아마도 해류 때문인 것 같았다. 우리는 섬에서 멀어 지기 위해 바다쪽으로 나가보려 했다. 바다를 향해 2마일 정도 항해하자 몹시 강한 역풍이 불었다. 갈수록 바람이 거세졌기 때문에, 우리의 작고 보잘것없는 배를 타고 해안으로 이동해 배를 정박할 항만을 찾는 것은 어려운 일이었다. 오후가 되어서야 어떤 만에 닻을 내릴 수 있었다. 우리는 그곳이 어떤 섬인지도 모른 채 음식을 만들어 먹었다. 현지 주민들이 가끔 우리 옆을 지나쳐갔지만, 그들은 우리를 귀찮게 하지 않고 그냥 지나갔다.

저녁 무렵, 날씨가 다시 잠잠해 졌을 때, 여섯 명이 탄 배가 우리 가까이 지나갔는데, 각자 허리에 두 자루의 칼을 차고 있었다. 그들은 만 반대편 해안가에 한 남자를 내려 놓았다. 이 광경을 본 우리는 바로 닻을 올리고, 돛을 펴고 노를 저어 다시 바다 쪽으로 도망가려고 했다. 하지만 그 배는 재빨리 우리를 쫓아와 따라잡았다.

만약 바람이 반대편에서 불어오지 않았고, 항만에 정박해 있던 여러 척의 배들이 지원하러 오는 것을 보지 않았다면, 우리는 미리 만들어 둔 막대기와 대나무 창으로 그들을 막아내려고 했을 것이다. 그런데 그들은 우리가 들어서 알고 있던 일본 사람의 모습과 비슷해 보였다. 이들은 우리에게 어디로 가려 하는지 손짓으로 물었다. 우리는 오란녀 가문의 깃발을 들어 올리며, "홀란드 나가사키"라고 외쳤다. 이 깃발은 우리가 일본에 도착할 경우를 대비해 미리 만들어 둔 것이었다. 그들은 우리에게 돛을 내리고 노를 저어서 안쪽으로 들어오라고 손짓했다. 이미 패배를 인정한 우리는 그들의 지시에 바로 따랐다.

그들은 우리 배에 올라와 키를 잡고 있던 사람을 그들 배로 데려갔다. 곧이어 우리 배는 바닷가 마을로 끌려갔다. 그들은 우리 배를 커다란 닻과 굵은 밧줄로 단단히 묶었다. 그리고 경비선으로 철저히 감시했다. 그들은 앞서 데려간 우리 동료 말고도 또 다른 일행 한 명을 육지로 데려갔다. 그들을 심문을 했지만 서로 말이 통하지 않았다.

육지는 소란스러웠고, 모두 허리에 칼을 한 두 개씩 차고 있었다. 우리는 서로를 슬픈 눈으로 바라보며 '이제 우리의 운명이 다했구나.' 생각했다.

그들은 나가사키를 가리키며 그곳에 우리의 배와 동포들이 있다고 설명해주려는 듯했다. 그것은 우리에게 약간의 위로가 되긴 했지만, 여전히 의심을 떨칠 수 없었다. 이것이 함정이라면 이들은 우리가 도망가지 못하게 안심시키려고 하는 말 일 수도 있기 때문이었다.

밤이 되자 큰 범선 한 척이 노를 저어 만으로 들어와 우리 배 옆에 정박했다. 그들은 우리를 배에 태웠다. 나중에 나가사키에 도착해서 알게 된 사실인데, 우리를 직접 데려가 그곳에 인계해 준 사람이 이 섬에서 세 번째로 높은 사람이었다. 그는 우리를 알아보고, 우리가 네덜란드인이라고 말했다.

그는 나가사키에 다섯 척의 배가 있으며, 4~5일 후에 우리를 그곳으로 데려갈 것이라고 손짓으로 설명하며 우리를 안심시켰다. 또한 이 곳은 고토 섬이고, 섬의 주민들은 모두 일본인이며, 황제의 통치를 받고 있다고도 말해 주었다.

그들은 우리가 어디서 왔는지 물었고, 우리는 최선을 다해 손짓

으로 설명했다. 우리가 조선에서 왔으며, 13년 전에 배를 잃고 섬에 표류하게 되었으며, 지금은 다시 동포들이 있는 곳으로 가기 위해 나가사키로 가는 방법을 찾고 있다고 했다. 이렇게 말하고 나니 마음이 그제서야 조금 놓였다.

하지만 여전히 그들에게 들킬까봐 두려움을 떨치지 못하고 있었다. 조선사람들에게 일본 섬에 표류하는 모든 이방인들은 죽임을 당한다는 얘기를 들은 적이 있었기 때문이다. 당시 우리는 보잘것없이 작고 낡은 배로 잘 알지도 못하는 바닷길을 40마일(약 223km)이나 항해했던 것이다.

9월 9일~11일

우리는 닻을 내린 채로 머물러 있었다. 배에서나 육지에서나 우리는 이전과 같이 감시를 받았다. 그들은 우리에게 식량과 물과 땔감, 그리고 그 외 필요한 것들을 공급해주었다. 비가 끊임없이 내려 그들은 배 갑판을 볏짚 거적으로 덮어 우리가 배를 맞지 않고 있을 수 있도록 해주었다.

9월 12일

나가사키로 가는 여행을 위해 필요한 준비를 마쳤다. 우리는 정오 즈음 닻을 올렸고, 저녁 무렵 섬의 안쪽 해안가에 있는 한 마을 앞에 닻을 내려 밤을 지냈다.

9월 13일

해가 뜰 무렵 앞서 언급한 서열 세 번째인 사람이 배에 올랐다. 그는 황궁에 전해야 할 편지들과 물품을 가지고 있었다. 우리는 닻을 올렸고, 큰 배 두 척과 작은 배 두 척이 우리를 호위했다. 육지로 데려갔던 우리의 두 동료는 큰 배 중 하나를 타고 갔고, 나가사키에서 우리와 합류했다. 우리는 저녁 무렵 만 어귀에 도착했고, 자정 무렵 나가사키 정박지에 닻을 내렸다. 그곳에서는 우리가 이전에 들은 대로 다섯 척의 배가 정박해 있는 것을 볼 수 있었다.

고토 섬의 주민들과 관리들은 모든 것에 있어 우리에게 친절만을 베풀었고, 우리에게 아무 대가도 요구하지 않았다. 우리는 가진 것이 쌀 밖에 없어서 쌀이라도 선물하려고 했지만, 그들은 한사코 사양했다.

9월 14일

아침에 우리는 육지에 내렸고, 그들이 데려간 곳에서 동인도회사 통역관들의 환영을 받았다. 통역관들은 우리에게 그동안의 모든 것을 질의했고, 그 내용을 문서로 작성해 총독에게 제출했다. 정오쯤 우리는 총독 앞으로 불려가 여러가지 질문을 받고 답했으며, 이는 질의서에 적힌 바와 같다. 총독은 우리가 자유를 찾기 위해 그렇게 작고 초라한 배로 그렇게 넓은 바다를 건너는 큰 위험을 무릅써, 결국 자유를 얻게 되었다며 크게 칭찬했다. 그는 통역사들에게 우리를 (데시마) 섬에 있는 네덜란드 책임자(상관장)에게 데려가라고 지시했다. 그곳에서 우리는 책임자(상관장) 빌럼 볼허르와 그의 차석인 니콜라스 더 루이, 그리고 그곳에 있던 다른 관리들에게 따뜻한 환대를 받았고, 네덜란드식의 옷을 다시 입을 수 있게 되었다. 우리는 그들이 베풀어 준 친절함에 하느님께서 축복과 오랜 건강으로 보답하시길 바란다고 감사 인사를 했다. 또한 우리를 불쌍히 여기시어 13년 28일 동안의 감금 생활과 수많은 슬픈 일들과 위험에서 우리를 구원해 주신 선하신 하느님께 말로 다 표현할 수 없을 정도로 감사했다.

아직 그곳에 남아 있는 8명의 동료들도 이러한 구원을 받아 우리 민족의 품으로 돌아올 수 있기를 바라며, 전능하신 하느님께서 그들을 도와주시길 기도한다.

10월 1일, 23일

볼허르가 10월 1일에 (데시마) 섬을 떠났고, 23일에는 선박 7척과 함께 항구에서 출항했다. 우리는 그와 함께 바타비아로 갈 것이라 확신하였는데 그럴 수 없게 되어 슬픈 마음으로 떠나는 배들을 바라보았다. 나가사키 총독은 우리를 이곳에 1년 더 붙잡아 두었다.

10월 25일

섬의 통역관이 우리를 데리러 와서 곧바로 총독에게로 갔다. 총독은 앞서 언급한 질문들을 우리 각자에게 따로따로 물었고, 우리는 이전과 같이 그 질문에 답했다. 그 후에 통역사들은 다시 우리를 (데시마) 섬으로 데려다 주었다.

일본의 질의서

우리가 처음 도착했을 때 나가사키의 총독이 우리에게 했던 질문과 그 질문에 대한 우리의 답을 다음과 같이 기술한다.

당신들은 어느 나라 출신이고, 어디에서 왔습니까?

우리는 네덜란드 사람이고, 조선에서 왔습니다.

당신들은 어떻게 그곳에 가게 됐으며, 어떤 배를 타고 갔습니까?

1653년 8월 16일에 우리가 타고 있던 스페르베르호가 5일간 지속된 폭풍우로 인해 난파되었습니다.

당신들의 배가 난파된 곳은 어디이고, 선원은 몇 명이었으며, 대포의 수는 얼마나 되었습니까?

우리 배는 '켈파르트'라는 섬에 침몰했는데, 이 섬을 조선 사람들은 '제주'라고 부릅니다. 선박에는 64명의 선원이 타고 있었고, 대포는 30문이 있었습니다.

켈파르트 섬은 육지에서 얼마나 떨어져 있으며, 어떤 곳입니까?

그 섬은 본토 남쪽으로 10~12마일(56~67km) 정도 떨어져 있습니다. 인구가 많고 비옥한 땅이며, 둘레 길이가 15마일(84km) 정도 됩니다.

어디에서 그 배를 타고 출항했으며, 경유지가 있었습니까?

같은 해 6월 18일에 바타비아에서 타요안으로 출발했습니다. 그 배에는 베르뷔르흐 총독의 후임이 될 케이세르씨가 함께 탑승하고 있었습니다.

배에 실린 짐들은 어떤 것이 있었으며, 그 물품들을 가지고 어디로 가는 길이었습니까? 그리고 당시 책임자는 누구였습니까?

우리는 타요안에서 출항해 일본으로 가던 중이었습니다. 신고 있던 물품에는 사슴 가죽, 설탕, 명반과 그 외 다른 물건들도 있었고, 당시 책임자는 코이엣 씨였습니다.

선원들과 물품들, 그리고 대포들은 모두 어떻게 되었습니까?

선원 28명이 사망했고, 화물과 포는 모두 잃었습니다. 나중에 일부 물건들을 되찾았으나, 별로 중요하지 않은 물품들이었습니다. 그 물건들이 어떻게 되었는지는 모르겠습니다.

배가 난파된 후 조선인들은 당신들을 어떻게 대했습니까?

우리는 감옥 같은 집에 갇히긴 했지만, 그들은 우리에게 친절을 베풀었습니다. 먹을 것과 마실 것을 제공해 주었습니다.

중국 배를 나포하거나 해안을 습격하라는 명령을 받았습니까?

우리는 일본으로 직행하라는 명령만 받았을 뿐이며, 폭풍우로 인해 조선 해안에 표류하게 되었습니다.

배에 네덜란드인 외에 기독교인이나 다른 외국인이 있었습니까?

동인도회사 직원들 말고는 없었습니다.

그 섬에서는 얼마나 머물렀고, 어디로 이송되었습니까?

섬에서 10개월 동안 머문 뒤, 국왕의 명령으로 도성으로 불려갔는데, 그곳은 서울이라는 도시에 위치하고 있습니다.

제주에서 서울까지의 거리와 이동 시간은 얼마나 됩니까?

제주는 앞서 말씀드린 대로 본토에서 10~12마일 정도 떨어져 있습니다. 우리는 육지에 도착하여 말을 타고 14일을 더 이동했습니다. 항로와 육로를 모두 합쳐 90마일(500km) 정도 이동했습니다.

도성에서는 얼마나 지냈으며, 그곳에서 무엇을 하였습니까? 당신들이 생계를 이어갈 수 있도록 왕은 어떠한 지원을 해 주었습니까?

우리는 그곳에서 조선의 방식대로 3년간 살면서 훈련대장의 호위병으로 일했습니다. 한 사람당 매달 쌀 70캐티(43kg)씩을 받았으며, 거기에 약간의 의복도 지급받았습니다.

국왕은 무슨 이유로 당신들을 다른 곳으로 보냈으며, 그곳은 어디입니까?

우리의 1등 항해사와 다른 동료 한 명이 중국을 통해 네덜란드로 돌아가기 위해 청나라 사신을 찾아갔습니다. 그러나 그들의 계획은 실패했고, 국왕은 우리를 전라도로 추방했습니다.

청나라 사람을 찾아간 당신의 동료는 어떻게 되었습니까?

그들은 즉시 감옥에 갇혔습니다. 처형되었는지 아니면 자연사했는지는 정확히 알 수 없습니다. 이에 대한 명확한 정보는 얻을 수 없었습니다.

조선 국토가 얼마나 큰지 알고 있습니까?

우리가 추측하기에 조선 땅의 남북 길이는 140~150마일

(778~834km) 정도 됩니다. 동서의 너비는 70~80마일(388~445km) 정도입니다. 전국은 8개의 도와 360개의 도시로 나뉘어 있고, 크고 작은 섬들이 많습니다.

조선에서 기독교인이나 다른 외국인들을 본 적이 있습니까?

얀 얀스라는 네덜란드인 한 명뿐이었습니다. 그는 1627년 타요안에서 일본으로 가던 중 폭풍우를 만나 조선 해안에 표류했습니다. 마실 물이 부족해 작은 배를 이용해 육지로 갈 수밖에 없었는데, 해안가에 내렸을 때 그를 포함한 세 명이 현지인들에게 붙잡혔습니다. 그의 동료 두 명은 청나라가 조선을 침입했을 때 전쟁터에서 목숨을 잃었습니다. 그리고 중국인들도 몇 명 있었는데, 그들은 전쟁을 피해 자국에서 조선으로 도망친 사람들이었습니다.

앞서 말한 얀 얀스는 아직 살아 있습니까? 그는 어디에 삽니까?

얀 얀스가 살아 있는지는 우리도 확실히는 모릅니다. 그는 도성에서 살았기 때문에 우리는 그를 10년 동안 보지 못했습니다. 어떤 사람들은 얀 얀스가 아직 살아있다고 하고, 다른 사람들은 그가 죽었다고 합니다.

조선의 무기와 병기는 어떤 것이 있습니까?

조선의 무기는 머스킷 총과 칼, 그리고 활과 화살이 있으며, 작은 대포도 몇 대 있습니다.

조선에는 성이나 요새들이 있습니까?

마을마다 소규모 방어시설이 있습니다. 높은 산에는 산성이 있어 사람들은 전쟁기간 동안 그곳으로 피신합니다. 산성에는 항상 3년 치 식량을 비축해 두고 있습니다.

바다에 전함들은 얼마나 있습니까?

모든 도시는 전함을 한 척 씩 비치해 두어야 합니다. 전함에는 노를 젓는 노군(櫓軍)과 병사를 포함해서 200~300명이 타며, 작은 대포들도 설치되어 있습니다.

조선은 전쟁 중이거나, 혹은 다른 나라에 조공을 바치는 것이 있습니까?

전쟁 중은 아니었습니다. 청나라인들이 조공을 받으러 일년에 2~3번 조선에 옵니다. 일본에도 조공을 바치고 있지만, 얼마나 바치는지는 모릅니다.

그들의 종교는 무엇입니까? 당신들에게 개종하라고 요구했습니까?

우리가 보기에 조선인들은 중국인들과 같은 종교를 가지고 있는 듯합니다. 그 누구에게도 개종하라고 요구하지 않았고, 각자의 신앙을 존중했습니다.

조선에는 사찰과 불상이 많습니까? 그리고 그것들을 어떻게 섬깁니까?

산에는 사찰과 사원들이 많습니다. 그곳에는 여러 불상들이 있는데, (우리가 생각하기에) 중국식으로 예불을 드리는 것 같습니다.

조선에는 승려들도 많습니까? 그들의 머리 모양과 복장은 어떻습니까?

승려들이 아주 많습니다. 그들은 노동을 하거나 탁발로 생계를 유지합니다. 조선의 승려는 일본의 승려처럼 옷을 입고 삭발합니다.

상류층과 평민층 사람들의 복장은 어떠합니까?

그들은 대부분 중국식으로 옷을 입습니다. 말총이나 소털, 혹은 대나무를 이용해 만든 모자를 쓰고, 버선과 신발을 신습니다.

쌀과 그 밖의 다른 곡식들도 많이 재배됩니까?

비가 많이 오는 해에는 남쪽에서 쌀과 다른 곡식들이 풍부하게 자랍니다. 농사는 강우량에 많이 의존하기 때문에, 조선인들은 가뭄이 들면 큰 기근을 겪게 됩니다. 1660년, 1661년, 1662년에도 몇천 명의 사람들이 굶어 죽었습니다. 목화도 많이 재배됩니다. 북쪽은 추위 때문에 쌀농사를 지을 수 없어, 대부분 보리와 기장으로 생활합니다.

말과 소는 많습니까?

조선에는 말이 많습니다. 소는 2~3년 전부터 전염병으로 많이 줄었는데, 아직도 이 병은 돌고 있습니다.

외국에서 조선과 무역하러 오는 사람들이 있습니까? 아니면 조선인들이 다른 곳에 가서 교역을 합니까?

그곳에 상관을 가진 이 나라(일본) 외에는 무역하러 오는 사람들이 없습니다. 그들은 중국 북부와 북경에서만 교역을 합니다.

당신들은 일본 상관에 가 본적이 있습니까?

우리가 그곳에 가는 것은 엄격하게 금지되어 있었습니다.

조선인들은 서로 거래할 때 무엇을 이용합니까?

수도에서는 양반들이 은으로 거래를 많이 하고, 다른 도시에서는 평민들이 수도와 물건의 가치에 따라 아마포나 쌀, 혹은 곡물로 거래를 합니다.

그들은 중국과 어떤 무역을 합니까?

중국은 인삼, 은, 그리고 다른 물품들을 가져갑니다. 그 대가로 조선은 우리가 일본으로 가져가는 것과 같은 물건이나 비단을 받습니다.

조선에는 은광이나 광산들이 있습니까?

몇 년 전부터 은광을 몇 곳 개발했는데, 왕이 그곳 자원의 4분의 1을 가져갑니다. 다른 광산에 대해서는 들어본 적이 없습니다.

그들은 인삼을 어떻게 채취하고, 그것으로 무엇을 하며, 어디로 수출합니까?

인삼은 북쪽 지역에서 발견되며, 약재로 사용됩니다. 매년 청나라에 인삼을 조공으로 바치고, 상인들이 중국과 일본으로 가져갑니다.

중국과 조선이 육지로 연결되어 있다는 말을 들은 적이 있습니까?

그들 말로는 큰 산맥으로 연결되어 있다고 합니다. 하지만 겨울에는 추위 때문에, 여름에는 야생동물 때문에 여행하기 위험합니다. 그래서 사람들은 대부분 안전을 위해 배를 타고 바다로 가거나 겨울에는 얼음 길로 이동합니다.

조선의 지방관은 어떻게 임명합니까?

도의 관찰사는 매년, 일반 지방관들은 3년마다 새로 부임합니다.

당신들은 전라도에서 얼마동안 함께 살았습니까? 식량과 의복은 어디서 구했습니까? 그곳에서 사망한 일행은 몇 명이었습니까?

우리는 병영(현재의 순천)이라는 도시에서 7년간 함께 살았습니다.

매달 50캐티(31kg)의 쌀을 배급 받았고, 옷과 반찬은 사람들의 도움으로 조달받았습니다. 그 기간동안 일행 11명이 사망했습니다.

당신들은 왜 다른 곳으로 보내졌으며, 그곳의 이름은 무엇입니까?

1660~1662년에는 배가 오지 않았기 때문에, 한 도시에서 우리의 배급을 감당할 수가 없었습니다. 1662년에 국왕이 우리를 전라도의 세 도시로 나누어 보냈는데, 여수에 12명, 순천에 5명, 남원에 5명이었습니다. 모두 전라도에 위치해 있습니다.

전라도는 얼마나 크고 어디에 위치해 있습니까?

전라도는 남쪽에 있는 도(道)로서, 52개의 도시가 있습니다. 전국의 모든 도 중에서 인구가 가장 많으며, 식량이 풍부하게 생산됩니다.

국왕이 당신들을 보내준 것입니까? 당신들이 탈출한 것입니까?

국왕이 우리를 보내주지 않을 거라는 사실을 잘 알고 있었습니다. 기회가 보였을 때 우리 8명에서 탈출하기로 결심했습니다. 이교도의 나라에서 걱정하며 계속 사느니 차라리 죽는 게 낫다고 생각했기 때문입니다.

당신들의 일행 중 몇 명이 남아 있었습니까? 다른 일행들이 당신들의 탈출을 알고 있었나요, 아니면 그들 모르게 탈출한 것입니까?

16명이 남아 있었습니다. 다른 사람들에게는 알리지 않고 8명에서 몰래 탈출했습니다.

당신들은 왜 다른 일행들에게 알리지 않았습니까?

우리는 매달 1일과 15일에 각자의 도시 지방관 앞에서 점호를 해야 했고, 돌아가면서 외출 허가를 받았기 때문에, 한번에 다 같이 갈 수가 없었기 때문입니다.

남아 있는 사람들도 그곳을 탈출할 수 있다고 봅니까?

황제가 조선의 국왕에게 그들을 보내 달라는 요청의 편지를 써야만 우리 일행이 올 수 있을 겁니다. 황제가 매년 조선의 표류민들을 돌려 보내주고 있기 때문에 국왕도 그러한 요구를 거절할 수 없을 겁니다.

전에도 탈출을 시도한 적이 있습니까? 당신들은 왜 두 번이나 실패했습니까?

이번이 세 번째 시도였습니다. 첫 번째 탈출 시도는 제주도에 있을 때였는데, 조선의 배를 어떻게 조종하는 지 잘 몰라서 돛대가 두번이나 부러지는 바람에 실패했습니다. 그 다음에는 도성에서 청나라 사신을 찾아가 탈출을 시도했지만 왕이 그에게 뇌물을 주어 실패로 돌아갔습니다.

국왕에게 보내 달라고 요청한 적은 있습니까? 그렇다면 왕은 왜 그 요청을 거절했습니까?

우리는 국왕과 조정 대신들에게 일본에 보내줄 것을 여러 번 요청했으나, 그들은 항상 나라 밖으로 외국인을 내보내지 않는다고 답했습니다. 그들의 나라를 다른 나라에 알리고 싶지 않았기 때문입니다.

당신들은 어떻게 배를 구했습니까?

우리가 모아둔 것으로 배를 직접 살 수 있었습니다.

이 배 말고 다른 배도 있었습니까?

이 배가 세 번째 배였습니다. 하지만 다른 배들은 일본까지 도망하기에는 너무 작았습니다.

당신들은 어디에서 탈출했습니까? 그곳이 살던 곳입니까?

여수에서 탈출했습니다. 우리 중 다섯 명은 여수에 살았고, 나머지 세 명은 순천에 살고 있었습니다.

출발지에서 이 곳까지의 거리와 걸리는 시간은 얼마나 됩니까?

우리 추정으로는 여수에서 나가사키까지 약 50마일(278km) 정도 떨어져 있습니다. 고토까지 도착하는 데 3일이 걸렸습니다. 고토에서 4일동안 머물렀고, 고토에서 여기까지 오는 길은 2일이 걸렸습니다. 따라서 총 9일이 걸렸습니다.

당신들은 왜 고토에 갔습니까? 그리고 그곳 사람들이 다가갔을 때 왜 다시 떠나려고 했습니까?

폭풍우 때문에 어쩔 수 없이 고토로 가게 되었습니다. 날씨가 좀 잠잠해지면 나가사키로 다시 떠나려고 했습니다.

고토에 있는 사람들은 당신들을 어떻게 대했습니까? 그들이 요구하거나 받아 간 것이 있습니까?

고토 사람들은 우리 동료 두 명을 육지로 데려갔습니다. 그들은 우리를 아주 잘 대해주었습니다. 아무것도 요구하지 않았습니다.

일본에 와 본 사람이 있습니까? 길은 어떻게 알았습니까?

아무도 일본에 와 본 적이 없습니다. 나가사키에 가 본 적이 있는 조선사람들 몇 명이 길을 알려 주었습니다. 그리고 향해사가 말해 주었던 항로가 우리 기억 속에 어느정도 남아 있었습니다.

그곳에 남아 있는 동료들의 이름, 나이, 선박에서 맡았던 업무를 알고 있습니까? 그들이 현재 어디에 거주하고 있는지 적어 주십시오.

[남원에 있는 동료]

요하니스 람펜(Johannis Lampen), 조수(상선보좌), 36세

헨트릭 코르넬리스(Hendrixk Cornelisse), 2등갑판장, 37세

얀 클라즌(Jan Claeszen), 요리사, 49세

[여수에 있는 동료]

야콥 얀스(Jacob Janse), 조타수, 47세

안토나이 울데릭(Athonij Ulderic), 포수, 41세

클라쓰 아렌첸(Claes Arentszen), 급사, 27세

[순천에 있는 동료]

산더트 바스켓(Sandert Basket), 포수, 41세

얀 얀스 스펠트(Jan Janse Spelt), 하급 갑판원, 35

당신들의 이름과 나이, 선박에서 맡았던 업무는 어떻게 됩니까?

헨드릭 하멜(Hendrick Hamel), 서기(회계원), 36세

호베르트 더네이젠 (Govert Denijszen), 부갑판장(조타수), 47세

마테우스 이보켄 (Mattheus Ibocken), 부선의, 32세

얀 피테르젠 (Jan Pieterszen), 포수, 36세

헤리트 얀젠 (Gerrit Janszen), 포수, 32세

코레넬리스 디르크서 (Cornelis Dirckse), 하급갑판원(선원), 31세

베네딕투스 클레르크 (Benedictus Clercq), 견습생, 27세

더네이스 호베르첸 (Denijs Govertszen), 견습생, 25세

 1666년 9월 14일, 이와 같이 묻고 답하였다. 그 후 10월 25일에 다시 신임 총독과 전임 총독 앞에 불려갔다. 우리는 앞서 말한 질문들을 개별적으로 받았고, 이전과 같이 답했다.

1667년

10월 22일

정오 무렵, 신임 총독이 부임하면서 우리는 출항해도 된다는 허가를 받았다. 저녁 무렵 우리는 스프레이우(Spreeuw)호에 승선하였다. 비터 레이우(Witte Leeuw)호와 함께 바타비아로 출항하기 위해서였다.

10월 23일

23일 새벽녘에 닻을 올리고 나가사키 만을 출발했다.

11월 28일

11월 28일[18] 바타비아 정박지에 닻을 내렸다. 우리는 우리를 불쌍히 여기시어 이방인들로부터 자유롭게 해 주신 하느님께 감사기도를 드렸다. 14년이란 세월을 큰 근심과 슬픔 속에서 지냈지만, 자비로우신 하느님 덕분에 다시 우리 동포들에게 올 수 있게 되었다.

[18] 이 날짜는 하멜일지에는 누락되어 있다. 하지만 동인도회사의 1668년 기록은 다음과 같이 적고 있다. "지난 11월 28일, 일본으로부터 플루이트선 스프레이우호와 비테 레이우호가 매우 좋은 소식과 함께 무사히 이곳에 도착하였으니, 이들은 10월 23일에 그곳을 출발하였다. 작년에 조선에서의 13년간의 포로 생활 끝에 탈출한 8명의 네덜란드인들이 이제 플루이트선 스프레이우호를 타고 이곳에 무사히 도착하였다." (동인도회사문서보관소 서한집 1668년, 제1권(일본편), 문서번호 1152)

조선 왕국과 사회에 대한 기술

조선으로 가려면 서해안을 찾아야 하는데, 난징만 굴곡부에서 북위 약 40도 쪽으로 가야 한다. 그곳에는 큰 강이 바다로 흘러 들어가는데, 이 강은 서울에서 반 마일(약 2.8km)정도 떨어진 곳을 지난다. 왕에게 바치는 쌀과 기타 조세(공납)품이 큰 배를 이용해 이곳으로 운반된다. 강을 따라 8마일(약 45km)정도 올라가면 창고들이 있는데, 물건들은 짐수레에 실려 도성으로 운반된다. 서울이라는 도성에 왕의 궁정이 있으며, 대부분의 관료들이 이곳에 거주하고, 조선의 대상인들도 이곳에 머물며 중국이나 일본과 교역을 한다. 모든 상품들이 이곳으로 집결되고 그 후에 전국으로 유통된다. 서울에서는 많은 거래가 은화로 이루어지는데, 이는 주로 상류층들이 은화를 보유하고 있기 때문이다. 다른 도시와 시골에서는 면화나 곡물로 거래를 한다.

조선을 서쪽에서 접근해야 하는 이유는 남쪽과 동쪽에는 돌섬들이 많고, 보이지 않는 암초들도 많기 때문이다. 조선 뱃사람들의 말에 따르면 서쪽 해안이 가장 안전하다고 한다. 이제 이 나라의 상황과 사람들의 생활 방식에 대해 조금 이야기해 보고자 한다.

조선의 지형과 지리

우리가 코레(Coree)라고 부르고, 이곳 사람들이 조선국(Tiocen Cock)이라고 부르는 이 나라는 북위 34.5도에서 44도 사이에 위치해 있다. 남북 길이는 약 140-150마일 (770-825km) [19]이고, 동서 폭은 약 70-75마일 (385-415km) [20]이다. 그들의 지도에는 이 나라가 카드 모양처럼 그려져 있고, 돌출된 모퉁이들이 많다.

이 나라는 8개의 도(道)와 360개의 도시로 나뉘어 있으며, 그 외에도 산에는 요새가, 해안에는 방어 시설이 많이 있다. 해안에는 수많은 암초와 갯벌이 있기 때문에 이 지형에 익숙하지 않은 사람들에게는 접근하기가 매우 위험하다.

또한 조선은 인구가 매우 많으며, 풍년이 들면 남쪽에서 자라는 풍부한 쌀과 곡물, 그리고 목화 덕분에 모든 것을 자급자족할 수 있다.

동남쪽으로는 일본이 아주 가까이 위치해 있는데, 가장 가까운 곳인 부산에서 오사카[22]까지의 거리는 약 25-26마일 (138-143km)이

---

19)   실제 길이는 약 1100km
20)   실제 폭은 약 300km

다. 그 사이에는 쓰시마(Suissima) 또는 그들이 대마도(Tymatte)라고 부르는 섬이 있다. 그들 말에 따르면, 이 섬은 원래 조선의 영토였으나, 전쟁 때 맺은 협약 때문에 일본에게 넘어갔고, 그 대신 조선은 제주도를 다시 얻었다고 한다.

서쪽으로는 중국 해안 또는 남경만과 접해 있다. 북쪽으로 가면 그 끝은 중국의 가장 북단 지역과 거대하고 높은 산으로 연결되어 있는데, 그게 아니었다면 조선을 섬으로 생각했을 것이다.

북동쪽으로는 망망대해만이 펼쳐져 있다. 매년 이곳에서 많은 고래들이 잡히는데, 우리나라와 다른 나라의 작살이 박힌 고래들이 발견된다. 12월부터 3월 사이에는 대량의 청어가 잡히는데, 12월과 1월에 잡히는 청어는 네덜란드의 청어(하링)와 비슷하고, 2월과 3월에 잡히는 청어는 네덜란드의 튀김 청어처럼 크기가 더 작다.

이는 필연적으로 조선과 일본사이에 바이가트(Waeijgat 북극해로)까지 이어지는 바닷길이 있음을 의미한다. 우리는 북동쪽 지역을 항해하는 조선의 선원들에게 그쪽 바다에 다른 나라나 육지가 있는지 자주 물어보았지만, 그들은 그저 바다밖에는 없다고 대답했다.

조선에서 중국으로 가는 사람들은 가장 가까운 바닷길로 이동한다. 왜냐면 육로로 산을 넘는 것은 겨울에는 혹독한 추위 때문에 어

---

21) 후팅크 판본의 해석에 따르면, 하멜이 언급한 'Osacca'는 실제로 오사카를 가리키는 것이 아닐 가능성이 높다. 이는 히젠(Hizen)지방의 하카타(Hakata)를 지칭하는 것으로 보인다. 하카타는 역사적으로 조선과 일본 사이의 중요한 교역 및 외교 거점지였고, 조선 사절단이 도쿄로 가는 길에 부산에서 출발하여 처음으로 일본 땅을 밟은 곳이 바로 하카타였기 때문이다.

렵고 여름에는 해충이나 동물들 때문에 매우 위험하기 때문이다. 겨울에는 강물이 얼기 때문에 쉽게 얼음 위를 건널 수 있다.

조선도 네덜란드와 같이 얼음이 꽁꽁 얼고, 눈이 많이 내린다. 1662년에 우리 일행이 산에 있는 사찰에서 경험한 바로는, 눈이 너무 많이 내려 집들과 나무들이 눈에 파묻혔고, 그래서 한 집에서 다른 집으로 이동하려면 눈을 파내어 눈 속에 통로를 만들어야 했다. 그들은 수월하게 이동하기 위해 발바닥에 작은 나무판을 묶어 눈 속에 빠지지 않게 하고, 왔다 갔다 움직이며 미끄러질 수 있게 한다.

이 지역의 사람들은 보리와 기장, 그리고 그와 비슷한 곡물들을 먹고 산다. 추위 때문에 쌀과 목화를 재배할 수 없어 대부분 남쪽 지방에서 공급받아야 하기 때문이다. 그래서 일반 사람들의 음식과 의복은 매우 소박하며, 대부분 삼베, 마, 동물 가죽으로 만든 옷을 입는다. 이 지역에서는 인삼이 가장 많이 생산되는데, 인삼은 청나라에 조공으로 바치고, 중국인과 일본인에게 판매된다.

국왕의 권위

조선 왕의 권위에 관해서 말하자면, 비록 청나라에 복속되어 있지만 조선에서는 절대적 권력을 가진다. 그는 어전회의나 조정 관료들의 말에 복종하지 않고 자신의 뜻대로 나라를 다스린다. 이곳에는 도시나 섬 그리고 마을을 개별적으로 통치하는 영주나 소유주가 없다. 귀족들은 땅과 노예들로부터 수입을 얻는데, 우리가 본 바로는

2~3천 명의 노비를 소유한 귀족도 있었다. 또한 왕으로부터 섬이나 토지를 하사 받기도 하지만, 그들이 죽으면 그 땅은 다시 왕에게 돌아간다.

기병과 보병

도성에는 수천 명의 기병과 보병이 있다. 그들은 왕으로부터 녹봉을 받으며, 왕궁을 지키고, 왕이 행차할 때 호위한다.

양인들은 7년 내내 도성의 수호를 맡아야 하며, 각 도(道)는 1년씩 번갈아 가면서 군인을 파견해야 한다. 각 도에는 사령관(관찰사)이 있고, 그 사령관 밑으로 3-4명의 부사령관(절도사)을 두고 있다. 각 도시 관할구역에는 지휘관(목사 또는 부사)이 있어, 앞서 말한 사령관 밑으로 배속된다. 도시 관할구역의 각 고을에는 수령(군수)이 한 명 있고, 각 마을에는 촌장(현령 또는 현감)이, 그리고 10명마다 한 명씩 우두머리(이정 理正)를 두고 있다.[22]

모든 수장은 항상 자기 부하의 이름을 문서로 가지고 있어야 하며, 매년 상관에게 보고해야 한다. 그래서 왕은 언제나 나라에 기병과 보병의 수가 몇 명인지, 비상시에 무기를 들 수 있는 인원이 얼마나 되는지 파악할 수 있다.

---

[22] 하멜은 조선의 지방행정제도를 설명하며, 장군, 대령, 대위, 상사, 하사, 준사관 등 본인에게 익숙한 용어를 사용하고 있다.

기병은 갑옷, 투구, 칼, 활과 화살로 무장한다. 그리고 우리나라에서 곡식을 탈곡할 때 쓰는 도리깨와 비슷한 무기도 사용하는데, 그 끝부분에는 길이가 짧고 뾰족한 쇠못들이 달려 있다. 보병 중 일부는 철판이나 동물의 뿔로 만든 갑옷과 투구를 착용하고 머스킷총, 칼, 그리고 짧은 창을 든다. 장교(무관)들은 활과 화살을 가지고 있다. 각 병사는 50발 분량의 화약과 총알을 항상 자비로 구입해 가지고 있어야 한다.

국방과 병역

각 도시는 관할 구역 내의 사찰들을 번갈아 지정하여 그들이 산 위의 요새와 방어시설을 자비로 수비하고 관리하도록 한다. 이 승려들은 비상시에 군인으로 동원되기도 한다. 그들은 칼과 활을 가지고 있고, 최고의 군인으로 여겨진다. 이 승려들은 그들 지휘관의 통솔을 받으며, 이 지휘관도 승병의 명단을 작성해 가지고 있다. 따라서 왕은 복무 중이거나 유사시에 동원할 수 있는 병사, 호위병, 부역 군인을 포함한 이 나라의 모든 양인의 수와 승병의 수를 항상 파악하고 있다.

60세가 된 노인들은 병역의 의무에서 해제되고, 그들의 자손이 다시 군역을 물려받아야 한다. 국왕을 위해 병역을 수행하지 않았거나, 병역의 의무를 지지 않는 모든 귀족(양반)과 노비(천민)들은 국왕이나 국가에 대한 충성의 의무만 있다. 이렇게 면제된 사람들은 전체 인구의 절반 이상을 차지하는데, 양인 남성과 여자 노비 사이에서 태어난 자식이나 양인 여성과 남자 노비 사이에서 태어난 자식들이 모두 노비(천민)로 간주되기 때문이다. 노비들 사이에서 태어난 자식들은 여자 노비 주인의 소유가 된다.

해안에 위치한 각 도시는 전투용 범선을 구비하고 있어야 하며, 이에 필요한 인력과 무기, 기타 장비를 갖추어야 한다. 이 범선들은 두 개의 갑판을 가지고 있고, 20~24개의 노를 장착하고 있으며, 각 노에는 5~6명의 인원이 배치된다. 전체 승선 인원은 200~300명으로, 병사와 노군(櫓軍, 또는 격군(格軍): 노 젓는 군인)으로 구성된다. 배에는 많은 수의 화포와 화기를 장착하고 있다. 각 도에는 해군대장(수군절도사)이 있어 매년 군사들을 훈련시키고 또 점검한다. 이에 해군 총사령관(삼도 수군통제사)이 참석하기도 한다. 만약 해군대장이나 함장들이 조금이라도 잘못을 저지르면 그 죄의 엄중함에 따라 파면되거나 추방당하기도 하며, 사형에 처해지기도 한다. 우리는 1666년에 해군대장에게 이런 일이 일어나는 것을 목격했다.

조선의 관료 제도

왕의 고위 관료들과 하급 관리들에 대해 말하자면, 대신들은 왕의 자문관과 같은 역할을 한다. 그들은 매일 궁정에 출입하며, 모든 현안을 국왕에게 보고한다. 그들은 국왕에게 어떤 일도 강요할 수 없고, 단지 조언과 행동으로만 보좌할 뿐이다. 이들은 국왕 다음으로 가장 높은 지위에 있으며, 특별한 문제가 없는 한 평생동안 또는 80세까지 그 직위를 유지한다. 이는 궁정에 속한 모든 관리들에게도 해당되는 사항으로, 특별한 문제가 있거나 승진하지 않는 한 그 직위를 유지한다.

모든 지방관은 매년 새로 교체되며, 그 밖에 고위 및 하급 관리들은 3년을 임기로 바뀐다. 하지만 대부분은 어떤 실수를 저질러 임기 내에 해임되기 때문에 그 임기를 다 채우는 경우가 드물다. 국왕은 항상 여러 곳에 정보원(암행어사)[23]을 두어 정부의 모든 사안에 대해 보고를 받는다. 그래서 관리들은 종종 사형에 처해지거나 종신 유배를 당하기도 한다.

수입원과 세금

왕과 양반, 도시와 마을의 수입원에 관해 말하자면, 왕은 농산물과 수산물에서 세금을 거두어 재원으로 삼고, 모든 도시와 마을에 창고를 두어 수확물이나 재산을 보관한다. 매년 일반 백성들은 이를 10%의 이자로 대여하며, 농산물을 수확하는 즉시 이를 갚아야 한다.

---

[23] "왕과 백성들 사이의 긴밀한 소통은 궁중에서 일하는 나인들이나, 왕의 정보원으로서 전국에 파견된 관리들을 통해 이루어진다. 먼 지방에 파견되어 민심을 살피거나 특정 관리들의 행실을 보고하는 임무를 맡은 어사는 왕으로부터 봉인된 명령서를 받는데, 이는 성벽을 벗어날 때까지 열어볼 수 없다.(⋯) 그는 말의 형상이 새겨진 은으로 된 패식(牌式)을 지니고 다니며, 어떤 경우에는 생사여탈권까지 가지고 있다." (Griffis, Corea, The Hermit Nation, 1905, pp. 221-222, 〈하멜보고서〉 후팅크판, p.134)

양반들은 앞서 언급한 바와 같이 자신들의 재산으로 생활한다. 관직이 있으면 국왕이 하사하는 녹봉을 받아 생활한다.

각 지방은 도시든 시골이든 집이 지어진 토지에 세금을 부과해 수입을 얻는데, 이는 각 토지의 크기에 따라 상이하다. 이 수입으로 지방관과 관원들에게 녹봉이 지급되고, 또 지방의 관리운영비 명목으로 사용된다.

군역에 동원되지 않은 양인은 1년에 3개월 동안 나라가 지정한 곳에서 봉사할 의무가 있다. 필요시에 국토 관리를 위해 소소한 노동을 제공해야 하는 것 말고도 그들은 나라를 유지하는 데 필요한 여러가지 일을 하게 된다.

도시와 마을에 있는 기병과 보병들은 매년 아마포 3필(9길더 10스타위버 7 페닝의 금액에 상당함)을 납부해야 하는데, 이는 도성에 있는 기병과 보병의 유지경비를 위한 것이다. 조선에서는 위에 언급한 것 외에 다른 종류의 세금을 부과하는 것은 관례가 아니다.

범죄와 형벌

이 나라의 가장 중대한 범죄와 그에 따른 처벌에 관해 말하자면, 국왕에 맞서거나 왕위를 찬탈하려는 자는 그의 일가친척까지 멸족된다. 그들이 살던 집은 집터까지 헐리고, 그 자리에는 누구도 제대로 된 집을 다시 지을 수 없다. 그들의 재산과 노비는 모두 몰수되어 국가를 위해 사용되거나 다른 이들에게 하사된다.

국왕이 내린 판결에 이의를 제기하거나 반대하면 그 역시 매우 중한 벌을 받게 되며 사형에 처해진다. 우리가 그 나라에 살고 있던 시기에 일어난 일로, 국왕의 형수 사례가 있다. 그녀는 바느질 솜씨가 뛰어난 것으로 유명하여 왕이 그녀에게 옷을 짓게 했다, 하지만 왕에 대한 증오심 때문에 그녀는 옷 속에 주술적인 물건을 넣어 바느질을 했고, 국왕은 그 예복을 입을 때마다 불편함을 느꼈다. 한 번은 왕은 그 옷을 뜯어내 검사하도록 명했다. 결국 예복 안쪽에 박음질 되어 있던 부적을 발견했다. 이로 인해 왕은 바닥에 구리가 깔린 방에 형수를 가두고 그 밑에 불을 지펴 그녀가 죽을 때까지 고문했다.[24]

그녀의 가까운 친지 중 한 명으로 당시 명문가 출신이며 조정에서도 매우 존경받던 한 고위 관리가 왕에게 편지를 썼다. 그는 그녀와 같이 높은 위치에 있는 여인에게는 다른 처벌을 내릴 수 있었을 것이며, 여성은 남성보다 더욱 관대하게 용서받아야 한다고 편지에 썼다. 이에 그는 왕의 명령으로 잡혀왔고, 하루 동안 정강이에 120대의 매를 맞고, 목이 베였다. 그의 모든 재산과 노비는 몰수되었다.

다음에 언급할 범죄들은 가문 전체를 처벌하지는 않는다.

조선에서 남편을 살해한 여성은 사람이 많이 지나다니는 길가에 어깨까지 땅에 묻힌다. 그녀 옆에 나무 톱을 두고, 귀족(양반)을 제외

---

24) 이는 인조의 장남인 소현세자의 부인 강씨(愍懷嬪, 1611~1646)가 시아버지인 인조를 독살하려 했다는 의혹을 받아 폐출되고, 사약을 받아 사망한 사건을 의미하는 것으로 보인다.

하고 지나다니는 사람들은 그녀가 숨을 거둘 때까지 나무 톱으로 그녀의 머리에 한 번씩 톱질을 해야한다.

살인 사건이 일어난 고을은 자체 지방관을 가질 수 있는 권리를 몇 년 동안 상실하며, 다른 고을의 지방관이 통치를 하거나 일반 귀족이 다스린다. 또한 지역 주민이 자신의 지방관에 대한 불만을 신고했을 때, 조정에서 그 불만이 합당하지 않다고 판단할 경우에도 고을에는 같은 종류의 처벌이 내려진다.

남자가 아내를 살해한 경우, 간통과 같이 마땅한 이유를 증명할 수 있다면 그는 벌을 받지 않는다. 하지만 살해당한 자가 노비라면 그녀의 주인에게 몸값의 세 배를 지불해야 한다. 주인을 살해한 노비들은 극심한 고문 끝에 처형된다. 주인은 사소한 이유로도 노비를 죽일 수 있다.

살인자는 여러 차례 발바닥을 맞은 후, 그들이 저지른 방식과 동일한 방식으로 처형된다. 살인자가 처벌되는 방식은 다음과 같다. 피해자의 시신을 식초와 더럽고 냄새나는 물로 씻은 다음, 그 물을 깔때기를 이용해 범죄자의 목구멍에 부어 넣는다. 그 물이 몸속에 가득 차면, 그의 배가 터질 때까지 막대기로 배를 때린다.

절도에 대한 처벌이 엄중함에도 불구하고 도둑질은 빈번히 일어난다. 절도범은 죽을 때까지 발바닥을 맞는다.

기혼여성과 간통하거나 불륜을 저지른 사람의 경우에는 두 사람 모두 조롱의 대상이 된다. 그들은 함께 벌거벗겨지거나 얇은 속옷 하나만 입은 채로 사람들 앞에 선다. 사람들은 그들의 얼굴에 석회

칠을 하고, 양 귀를 뚫어 화살을 꽂은 채 등에는 작은 북을 매단다. 사람들은 그 북을 치면서 '이들은 간통한 사람들이다.'라고 외치며 온 마을을 돌아다닌다. 그런 뒤 엉덩이에 50-60대의 곤장을 맞는다.

왕이나 국가에 세금을 제때 내지 않은 사람은 한 달에 2~3번 정도 정강이를 맞아야 한다. 이는 세금을 내거나 죽을 때까지 계속된다. 만약 그 사람이 사망하면 친척들이 대신 세금을 내야 한다. 이렇게 왕이나 국가는 세금 수입을 절대 놓치지 않는다.

일반적인 처벌은 맨 엉덩이나 종아리를 때리는 것인데, 이는 그들 사회에서 수치스러운 일로 여겨지지 않는다. 사소한 말 한마디로도 쉽게 이런 벌을 받을 수 있기 때문이다.

일반 지방관들은 총독(관찰사)의 허가 없이는 누구도 사형을 선고할 수 없다. 또한 국가와 관련된 범죄의 경우 왕에게 보고하지 않고는 그 누구도 처벌할 수 없다.

정강이를 때리는 벌은 이렇게 이루어진다. 죄인을 의자에 앉히고, 두 다리를 묶는다. 그런 다음 발 위와 무릎 아래에 한 뼘 넓이를 두고 두개의 선을 긋는다. 그리고 그 선들 사이를 막대기로 때리는 것이다. 이 막대기는 사람 팔 길이 정도되는 나무 막대기다. 뒤쪽은 둥글고 앞쪽은 손가락 두 개 너비에 네덜란드 동전(2길더 50센트짜리 동전) 두께 정도이며, 참나무나 물푸레나무로 만든다. 하지만 한 번에 30대 이상은 때리지 않는다. 3~4시간 정도 쉬었다가 다시 형벌을 집행할 수 있는데, 이는 내려진 형벌이 완료될 때까지 계속된다. 그 자리에서 죽이고자 하는 사람은 3~4피트(90~120cm) 길이에 팔뚝만한 두

께의 몽둥이로 그 사람의 무릎 바로 아래를 때린다.

발바닥을 때리는 방법은 이러하다. 죄인을 땅바닥에 앉히고, 엄지 발가락을 서로 묶고, 허벅지 사이에는 나무를 끼워 넣어, 묶인 발을 들어 올린다. 팔 굵기에 3~4피트 길이의 둥근 몽둥이로 판관이 원하는 만큼 발바닥을 때린다. 이러한 방식으로 모든 범죄자를 벌한다.

엉덩이를 때리는 방법은 이러하다. 죄인의 바지를 벗기고 땅바닥이나 틀(형틀)에 눕혀 묶는다. 여자는 수치심 때문에 얇은 바지를 입는 것이 허용되지만, 더 효과적으로 고통을 주기 위해 바지를 먼저 물로 적신다. 길이는 4~5피트 정도 되고, 위는 동그랗고 아래는 한 뼘 너비의 새끼손가락 굵기의 막대기로 때린다. 이렇게 엉덩이를 100대 정도 맞으면 거의 죽게 된다.

이들은 엄지와 검지 굵기의 회초리로 종아리를 때리기도 한다. 남녀 모두 의자 위에 서게 하고, 2~3피트(60-90cm) 길이의 회초리로 때린다. 주변 형리들의 고함소리가 너무 커서 때로는 매를 맞는 것보다 이 고함소리가 더 무서울 정도다. 아이들은 작은 회초리로 종아리를 맞는다. 이 외에 더 많은 형벌이 있지만 여기서 다 설명하자면 너무 길어질 것 같다.

종교, 사찰, 승려, 종파

그들의 종교, 사찰, 승려, 종파에 관해 말하자면, 일반 백성들은 우상(불상)을 섬기는 등 미신적인 행위를 하지만 실제로 불상보다는 그들의 지배계층을 더 존중한다. 귀족이나 고관들은 불상에게 경의를 표하지 아니하며, 자신을 불상보다 더 높게 여긴다.

누군가가 죽으면, 그의 지위가 높든 낮든 상관없이 승려들이 고인을 위해 염불을 하고 제물을 바친다. 이때 고인의 친구와 친척들도 함께 참석한다. 고위 관리나 학식 있는 사람이 죽으면 친구와 지인들이 그를 추모하고 기리기 위해 때로는 30~40마일(165~220km)의 거리에서도 찾아와 그의 장례에 참석한다.

축제일에는 어김없이 주민들과 농부들이 불상을 찾아 경의를 표한다. 그들은 조각상 앞에 놓인 작은 화로에 향기나는 나무조각을 꽂고 불을 피운다. 그리고 다시 한 번 경의를 표한 뒤 별다른 행위 없이 그냥 돌아간다. 그들은 이것을 숭배라고 여기며, 선행을 하면 내세에 좋은 일이 있을 것이고 악행을 하면 그에 대한 벌을 받을 것이라고 한다. 설교나 교리문답은 그들에게 생소하며, 서로에게 신앙에 대해 가르치려고 하지 않는다. 나라 전체가 같은 신앙을 가지고 있고, 우상(불상)을 같은 방식으로 숭배하기 때문에 종교에 대해 논쟁할 필요가 없다.

승려는 하루에 두 번 불상 앞에 제물을 바치고 기도를 올린다. 축제일에는 사찰에 있는 모든 사람들이 징과 북을 치고, 다른 악기들을 연주한다. 이 나라에는 사원과 사찰이 많다. 이들은 산 속에 위치해 있으며, 행정적으로는 모두 관할 도시의 관리 하에 있다. 500~600명의 승려가 살고 있는 사찰도 있고, 3000~4000명의 승려를 관리하는 고을도 있다. 그들은 한 집에 10~30명씩 지내는데, 때로는 그 수가 적거나 더 많을 때도 있다. 각 집에서는 가장 연장자인 승려가 그 집의 대표 역할을 한다.

승려 중 누군가 잘못을 저지르면 20~30대의 곤장을 칠 수 있다. 그 죄가 큰 경우에는 그들이 속한 도시의 지방관에게 넘긴다. 승려가 부족하지는 않다. 승려가 되는 것이 쉽기 때문에 누구든 원하면 승려가 될 수 있고, 반대로 원치 않을 때는 그 일을 그만둘 수 있다. 승려들은 그다지 존경받지 못하는데, 세금을 많이 내야 하고, 국가를 위해 부역을 해야 하기 때문에 노비보다 나은 위치에 있다고 보기 어렵다.

고위급 승려들은 이 나라에서 존경받는 위치에 있다. 이는 그들의 학식이 높기 때문이며, 나라의 학자로 여겨진다. 왕의 승려(국사國師)라고 불리는 이들은, 국가의 인장(국새)를 가지고 있으며, 사찰을 방문하여 일반 지방관처럼 재판을 행한다. 또한 그들은 말을 타고 다니며 사람들에게 엄청난 존경을 받는다.

모든 승려들은 생명이 있거나 생명이 될 수 있는 것을 먹지 않는다. 그들은 머리와 수염을 깨끗이 면도하고, 여성과 어울리지 않는다. 이 규칙을 어기는 자는 엉덩이에 70-80대의 곤장을 맞고, 사찰에서 쫓겨난다. 승려들은 삭발하는 순간 한쪽 팔에 표식을 해서 그가 승려였음을 언제나 알 수 있게 한다. 일반 승려들은 노동이나 장사를 하거나, 구걸로 생계를 유지해야 한다.

승려들은 항상 어린 소년들을 데리고 있으며, 그들에게 읽고 쓰는 법을 가르친다. 소년들이 삭발을 하게 되면, 그들을 자신의 시종

(종자從者)으로 삼는다. 소년들이 벌어들이거나 모으는 모든 것은 스승의 것이 되며, 스승이 자유를 허락할 때까지 계속된다.

승려가 사망하면, 이 소년들이 상속인이 되며, 스승을 위해 애도해야 한다. 자유를 얻은 이들도 마찬가지로 애도하는데, 이는 스승이 자신을 자식처럼 키우고 가르친 데 대한 감사의 표시이다.

또다른 부류의 사람들도 있는데, 이들은 승려와 비슷하게 우상(불상)을 섬기고 같은 음식을 먹지만, 머리를 깎지 않고 결혼할 수도 있다.

귀족과 평민은 각자 능력에 맞게 돈을 모아 사찰과 사원을 건립하는 데 도움을 준다. 승려들은 음식과 약간의 급여를 받고 일하는데, 이는 사찰에 대한 관할권이 있는 지방 행정관이 임명한 주지승이 지급한다.

승려들은 또한 옛날에는 모두가 하나의 언어를 사용했지만, 사람들이 하늘에 오르려고 탑을 쌓다가 이 세상의 언어가 변했다고 말한다.

사찰들은 산이나 숲속에 아름답게 위치하고 있어, 귀족들은 종종 기생이나 다른 동반자들과의 시간을 즐기기 위해 사찰을 찾는다. 사찰은 나라에서 가장 좋은 건물로 여겨지지만 사실 이런 사찰들은 사원보다는 사창가나 주점에 가깝다고 할 수 있다. 무엇보다 승려들도 술을 무척 좋아하기 때문에 일반 사원들은 확실히 그렇다고 생각하면 된다.

수도에는 예전에 두 개의 비구니승 사찰이 있었는데, 한 곳은 귀족 여성을 위한 곳이었고, 다른 한 곳은 평민 여성을 위한 곳이었다. 그들도 머리를 깎고, 다른 승려들처럼 먹고, 우상(불상)을 모셨다. 국왕과 귀족들이 그들을 부양했는데, 4~5년 전에 현재 국왕이 이 사찰들을 폐쇄시키고, 이 비구니 승려들에게 결혼을 허락해 주었다.

집과 가구

조선의 집과 가구에 대해 이야기해 보겠다. 귀족들의 집은 제법 훌륭한 집들이 많지만 평민들의 집은 대체로 초라하다. 평민들은 자기 마음대로 집을 지을 수 없기 때문이다. 지방관의 허가 없이는 누구도 기와로 지붕을 덮을 수 없어 대부분 코르크나 갈대, 아니면 짚으로 지붕을 얹는다. 모든 집들은 담이나 울타리로 서로를 구분한다.

이 나라 사람들은 나무 기둥 위에 집을 짓고, 벽의 아래쪽은 돌로 만들고 위쪽은 십자 모양으로 엮어진 작은 목재로 만든다. 그 안팎으로 진흙과 모래를 발라 평평하게 한 뒤 안쪽에 흰 종이를 붙인다. 방바닥은 바로 아래에 오븐(온돌)이 있어서 겨울에는 매일 불을 때 항상 따뜻하게 유지한다. 그래서 방이라기보다는 오히려 난로 같다. 방바닥에는 기름을 먹인 종이가 깔려 있다. 집들은 단층이며, 위쪽에는 작은 다락방이 있어 자잘한 물건들을 보관할 수 있다. 귀족들은 집 앞에 별채를 두어 친구들과 지인들을 접대하고 묵게 한다. 양반들은 그곳에서 여가시간을 보내며 일을 하기도 한다. 그 앞에는 보통 넓은 마당과 연못, 그리고 정원이 있으며, 그곳은 많은 꽃과 나무, 바위 등 진귀한 것들로 꾸며져 있다. 여자들은 집 뒤쪽 안채에서 지내는데, 남들에게 보여서는 안 되기 때문이다.

상인들과 장사하는 사람들은 보통 집 옆에 별채를 두어 업무를 보거나 귀한 손님을 접대하는데, 손님은 대개 담배와 술로 대접한다. 그들의 아내는 자유롭게 이곳에 와서 사람들과 대화를 나눌 수 있고, 또 다른 사람의 집에 초대받아 방문할 수도 있다. 하지만 이런 경우 아내들은 항상 따로 앉고 남편들 건너 편에 자리한다.

그들은 일상에서 쓰는 것 외에는 많은 가구들을 소유하고 있지 않았다. 술집과 유흥시설이 많아 사람들은 그곳에 가서 기생들이 춤추고 노래하고 악기를 연주하는 것을 보고 듣는다. 여름에는 주변에 있는 숲이나 푸른 나무들을 찾아 휴식을 취한다.

여행자들을 위한 여관이나 숙소는 따로 없다. 길을 가다 해가 지면 (귀족의 집이 아니라면) 아무 집이든 그냥 안으로 들어가면 된다. 그리고 집주인에게 자기가 먹을 만큼의 쌀을 내놓으면 주인은 즉시 그 쌀로 밥을 해서 반찬과 함께 상을 차려 준다. 대부분의 마을에서는 집집마다 돌아가며 교대로 여행자들을 대접하는데, 이에 대해서 불평하는 사람은 아무도 없었다.

도성으로 가는 큰 길에는 지체 높은 사람과 평민들 모두 하룻밤을 묵을 수 있는 역참과 쉼터가 있다. 나랏일로 지방 출장을 가는 양반들이나 공무로 여행하는 사람들이 하룻밤을 묵어 가야 할 때는 가까운 마을의 수장이 식사와 잠자리를 제공해 준다.

결혼

결혼에 관해서 말하자면, 이곳 사람들은 4촌 이내의 친족과는 결혼할 수 없고, 연애도 하지 않는다. 아이들이 8살, 10살, 12살 또는 그 이상의 나이가 되면, 부모나 친척들이 서로 짝을 지어 준다. 일반적으로 신부가 신랑의 집으로 오는데, 신부의 부모에게 아들이 없는 경우는 예외이다. 신부는 스스로 집안일을 건사할 수 있을 때까지 그 집에서 지낸다.

신랑이 신부를 데려갈 때는 말을 타고 와서, 그의 친구들과 함께 마을을 한 바퀴 돌아야 한다. 신부가 신랑의 집에 올 때는 신부의 부모와 친척들이 신랑의 집까지 신부와 동행한다. 그리고는 별다른 의식없이 양가 친지들과 함께 그곳에서 혼례를 치른다.

남자는 아내와 여러 자녀를 두었다 하더라도 아내를 내쫓고 다른 여자를 취할 수 있다. 하지만 여자는 판관이 특별히 허락해주는 경우를 제외하고는 다른 남자와 결혼할 수 없다. 남자는 부양 능력에 따라 여러 아내를 둘 수 있고, 원하면 매춘소에 갈 수 있는데, 이에 대해 아무도 뭐라고 하지 않는다.

집안에는 항상 남편 곁을 지키고 집안 일을 돌보는 아내가 한 명 있다. 다른 아내들은 밖에 있는 별채에서 지낸다. 양반이나 부유층은 보통 집안에 2~3명의 아내를 두는데, 그중 한 명만이 가사일을 총괄한다. 다른 아내들은 각자의 공간에서 따로 생활하며, 남편은 원하는 아내를 방문한다.

이 나라 사람들은 아내를 노예처럼 여기며 작은 잘못으로도 아내를 내쫓는다. 남편이 자녀를 키우지 않겠다고 하면, 아내는 아이들을 모두 데리고 떠나야 한다. 이런 경우가 이 나라에는 무척 많다.

교육

양반과 양인(자유인)들은 자녀 교육에 신경을 많이 쓴다. 읽기와 쓰기를 잘 배우도록 교사(훈장)의 지도를 받게 하는데, 이 나라 사람들은 이를 매우 중요하게 여긴다. 교사들은 다정하게 예의를 지키면서 아이들을 가르친다. 아이들은 과거 위인들의 학식과 그 학식으로 인해 높은 지위에 오른 사람들에 대해 배운다. 아이들은 거의 밤낮으로 책을 읽는다. 어린 아이들이 자신이 배운 학식으로 글의 뜻을 훌륭하게 해석할 수 있다는 것은 매우 놀라운 일이다.

모든 마을에는 특별한 집(향교와 서원)이 있는데, 이 집에서는 매년 고관이나 나라를 위해 목숨을 바친 사람들을 위한 제사를 지낸다. 양반들은 이 집에서 서책을 읽으며 독서를 연마하고, 항상 집을 관리한다.

매년 각 도의 2~3개 도시에서 시험이 실시된다. 최고지방관(관찰사)은 각 도에 군사(무과)와 행정(문과) 분야의 대표를 보내 시험을 감독하게 한다.

이 시험에 합격한 사람의 명단은 최고지방관(관찰사)에게 보고되고, 그 후 그들을 불러 재시험을 보게 한다. 여기서 최고지방관(관찰사)이 정부 일을 맡기기에 적합하다고 판단한 사람들을 조정에 보고한다. 매년 전국에서 도성으로 사람들이 모여 중요한 시험(과거시험)을 치르는데, 여기서는 정부 관료들이 수험생들을 평가한다. 나라에서 가장 우수한 인재들이 이 시험에 응시하며, 과거 관직에 있었거나 현재 관직에 있는 사람들도 응시한다. 이들은 문과와 무과에서 각각 승진하기 위해서, 또는 문·무과에서 모두 급제하기 위해서, 또는 그들의 뛰어난 능력을 인정받기 위해서 시험에 응시한다. 급제 통지서는 왕으로부터 받는다.

이러한 과거시험의 절차 때문에 많은 젊은 양반들이 나이가 들 때까지 거지신세를 면치 못하기도 한다. 때로는 얼마 안 되는 재산에서 많은 비용을 쓰고 선물을 사거나 잔치를 열어 재산을 다 탕진해 버리기도 한다. 부모들은 자식에게 많은 돈을 투자하지만, 자식이 목적한 관직을 얻는 모습을 평생 보지 못하는 경우도 많다. 부모들은 자식이 과거에 급제했다는 사실만으로도 영광으로 여긴다.

부모는 자녀를 매우 아끼고, 자녀도 부모를 그렇게 여긴다. 만약 부모가 잘못을 저지르고 도망가면 자녀가 대신 책임을 져야 한다. 마찬가지로 자녀가 저지른 잘못에 대해서는 부모가 그 책임을 져야 한다.

노예나 그와 비슷한 처지의 사람들은 자녀에게 거의 신경을 쓰지 않는다. 자녀가 일할 수 있을 만큼 자라면 주인이 아이들을 데려가 버리기 때문이다.

장례

모든 자녀는 아버지가 돌아가시면 3년, 어머니가 돌아가시면 2년 동안 상을 치러야 한다. 이 기간에는 승려들처럼 음식을 먹으며 지내고, 어떤 관직도 맡을 수 없다. 높은 지위에 있든 낮은 지위에 있는 부모 중 한 사람이 죽으면 즉시 그 직책에서 물러나야 한다.

상중에는 아내와 잠자리를 가지면 안된다. 만약 이때 아이를 낳는다면 그 아이는 사생아로 취급한다. 상중에는 다투거나 싸움을 하거나 술에 취해서도 안 된다.

이들은 긴 삼베 옷을 입는데, 그 옷은 밑단 없이 만들기 때문에 끝부분을 깔끔하게 정리해 올리지 않는다. 허리에는 사내 팔뚝 너비의 삼베로 만든 허리끈을 두르고, 머리에는 그것보다 조금 더 얇은 끈을 두른다. 대나무로 만든 모자를 쓰고, 굵은 지팡이나 대나무 막대기를 들고 있다. 지팡이는 부친상을 의미하고, 대나무 막대기는 모친상을 의미하기 때문에, 손에 든 것으로 부모 중 누가 죽었는지 알 수 있다.

사람들은 상중에 거의 씻지 않아서 사람이라기 보다는 허수아비에 가깝다고 할 수 있다. 누군가 죽으면 친지들은 미친 사람처럼 거리를 뛰어다니면서 울고 소리지르며 머리를 쥐어 뜯는다. 그들은 항상 시신을 잘 묻는 것에 신경을 많이 쓴다. 점쟁이가 일러준 산속에 묻되, 물이 닿지 않는 곳이어야 했다. 시체는 이중으로 만든 관에 넣는데, 각 관은 2~3인치 두께이다. 관 안에는 새 옷과 여러 물건들을 각자 형편에 맞게 채워 넣는다. 일반적으로 봄과 가을, 추수를 한 뒤에 장례를 치른다. 여름에 죽은 사람의 시체는 기둥 위에 짚으로 만든 작은 움막에 임시로 보관한다. 그리고 장례를 치를 때 다시 집으로 운반해 와서 앞에서 말한 대로 시신을 옷과 물건들과 함께 관에 넣는다. 사람들은 밤 동안 즐거운 시간을 보낸 뒤 아침 일찍 시신을 운반한다. 상여꾼들은 춤추고 노래하며 시신을 운반하고, 친지들은 울고불고 하며 그 뒤를 따른다. 사흘째 되는 날, 친척들과 지인들이 무덤에 가서 제사를 지내고 다시 즐거운 시간을 보낸다. 무덤은 보통 4~6 피트 높이로 흙을 쌓아 덮으며 단정하고 정갈하게 만든다. 하지만 귀족의 무덤에는 많은 돌과 석상을 세워 두는데, 그 돌에는 죽은 사람의 이름과 출신, 그리고 어떤 직책을 맡았었는지가 새겨져 있다.

조선에서는 달의 순환 주기로 달력을 만들었기 때문에 3년마다 한 번씩 13개월을 가진 해가 있다. 그들은 음력 8월 15일에 무덤 위에 자란 풀을 깎고 햅쌀로 제사를 지낸다. 이 날은 설날 다음으로 중요한 명절이다. 점쟁이나 무당이 있는데 이들은 사람들에게 해를 끼치지는 않는다. 그들은 죽은 사람들이 편히 세상을 떠났는지, 그리고 좋은 곳에 묻혔는지를 말해준다. 사람들은 그들의 말에 따라 무덤을 2~3번씩 옮길 때도 있다.

부모의 장례를 치르고 해야 할 일을 다 마치고 나면, 부모가 남긴 재산을 나누어야 한다. 장남은 집과 그에 딸린 물건을 모두 물려받는다. 토지와 다른 재산은 아들들이 나누어 가진다. (아들이 있는 집안에서) 딸들이 재산을 물려 받았다는 얘기를 들어 본 적이 없다. 여자들은 결혼하면 옷과 개인 소지품 외에 다른 물건은 가져가지 않기 때문이다.

부모의 나이가 80세가 되면 아들에게 재산을 물려주어야 한다. 그 나이가 되면 재산을 소유하기에 너무 늙은 나이라고 여겨지지만 부모는 여전히 존경받는다. 앞서 말한 것처럼 장남이 재산을 물려받으면 그는 그의 땅에 부모를 위한 집을 따로 지어 부모가 거주할 수 있게 한다. 그리고 다른 아들들과 함께 부모를 부양한다.

민족성

이 나라 사람들의 신의와 배신, 그리고 용기에 관해 말해 보겠다. 그들은 도둑질과 거짓말을 자주 하고, 속임수에 능하다. 그들을 너무 믿어서는 안된다. 이 나라에서 누군가를 속이면 그것을 자랑스럽게 여기며, 부끄러운 일이라고 생각하지 않는다. 그래서 거래에서 사기를 당했다면 거래를 취소할 수도 있다. 예를 들어, 어떤 사람이 말과 소를 샀는데 상인에게 사기를 당했다면 3~4개월 전이라고 해도 거래를 취소할 수 있다. 토지와 부동산은 소유권 이전이 완료되기 전까지 취소할 수 있다.

조선 사람들은 순수하고 남의 말을 잘 믿는 편이어서, 우리가 원하는 대로 그들을 믿게 할 수 있었다. 또한 이들은 이방인들을 좋아하는데, 특히 승려들이 이방인에 관심이 많다.

믿을 만한 사람들에게 들은 바로는 그들은 또한 여자 같이 연약

한 심성을 가지고 있다. 수 십년 전 일본인들이 조선의 왕을 죽이고 도시와 마을을 불태워 파괴하였을 때 그러했다. 그리고 네덜란드 출신의 얀 얀스 벨테브레이의 말에 따르면, 만주족들이 얼음길을 통해 쳐들어와 이 나라를 차지하였을 때, 적들의 공격으로 인해 죽은 사람보다 숲에서 스스로 목을 매달아 죽은 사람들이 더 많이 발견되었다고 한다. 그들에게 자살은 부끄러운 일이 아니다. 위급한 상황에서 어쩔 수 없었을 것이라며 오히려 자살한 사람들을 불쌍히 여긴다.

일본으로 가던 네덜란드, 영국, 포르투갈 배들이 조선 해안에 떠밀려온 적이 있었다. 조선인들은 전함을 타고 출동해 이 선박들을 공격하려고 했지만, 두려움에 떨며 바지에 오줌만 지린 채 항상 아무것도 못하고 돌아왔다.

조선인들은 피를 보는 것을 싫어한다. 누군가 싸우다가 쓰러지면 곧바로 그 장소를 피해 도망간다. 이 나라 사람들은 병자들을 매우 꺼리고, 특히 전염병 환자를 매우 두려워한다. 병자는 즉시 집에서 내보내 마을 밖 들판에 짚으로 지은 작은 집에 격리시킨다. 간병인 외에는 아무도 그들 가까이 접근하거나 말을 걸지 않는다. 지나가는 사람들은 병자에게 침을 뱉는다.

돌봐 줄 친지가 없는 병자들을 들여다보는 것보다는 차라리 내버려 두어 죽기를 바란다. 집이나 마을에 유행병이 돌면 즉시 말뚝으로 울타리를 치고, 병이 퍼진 집의 지붕에는 나뭇가지를 올려 두어 표시한다.

무역

조선의 국내 무역과 대외 무역에 대해 말해 보겠다. 이 나라로 거래하러 오는 사람들은 쓰시마 섬(대마도)에서 오는 일본인들 뿐이다. 이들은 동남쪽 해안가 도시인 부산에 무역거점지(왜관)를 두고 있는데, 이곳은 쓰시마 섬의 도주가 관할한다.

그들은 후추, 인도네시아산 목재, 명반, 물소 뿔, 사슴 가죽과 가오리 가죽 등의 물건과 우리 네덜란드인과 중국인이 일본으로 가져가 거래하는 다른 상품들을 이곳으로 가져온다. 조선사람들은 이 물건들을 이 나라에서 생산되는, 일본인들이 원하는 다른 상품들과 교환한다.

그들은 북경과 중국 북부 지역과도 약간의 거래를 하는데, 모든 것을 육로로 말을 이용해 운송해야 해서 비용이 아주 많이 든다. 그래서 거상들만 이 거래를 할 수 있다. 도성에서 북경으로 갔다가 다시 돌아오는 여정은 아무리 빨라도 3개월은 걸린다.

이 나라 사람들 간의 국내 무역은 대부분 포목으로 이루어진다. 저마다의 형편에 따라 달라지기도 하는데, 귀족들과 상인들은 은으로 거래하지만, 농부들과 서민들은 쌀과 다른 곡물로 거래한다.

청나라가 지배하기 전까지는 이 나라는 풍요와 풍류가 가득한 곳이었다. 사람들은 먹고 마시며 온갖 향락을 즐기기만 했다. 하지만 지금은 일본과 청나라의 착취가 너무 심하여, 이 나라에 흉년이 들면 겨우 생계를 유지하기도 벅차다. 이들은 일본과 청나라에 많은 조공을 바치는데, 특히 청나라인들은 보통 일 년에 세 번씩 조공을 받으러 온다.

이 나라 사람들은 12개의 나라 또는 왕국만 알고 있다. 그들의 말을 빌리자면, 그 12개 나라들은 중국 황제의 지배를 받았고 예전에 중국에 조공을 바쳤다고 한다. 지금은 청나라가 중국을 차지하고 다른 나라들을 지배하지 못해 각자 독립적인 상태가 되었다고 한다.

조선인들은 청나라를 '띠꺼서(Tiekese) 25)' 또는 '오란카이(Oranckaij)'라고 부른다. 또한 우리나라를 '남반국(Nampancoeck, 남만국)'이라고 부르는데, 이는 일본인들이 포르투갈을 부를 때 사용하는 이름이다. 그들은 네덜란드나 홀란드에 대해서는 모른다. '남반국'이라는 이름은 일본인들에게 배운 것인데, 주로 담배로 알려져 있었다. 50~60년 전만 해도 조선인들은 담배에 대해 전혀 몰랐다. 담배를 피우고 재배하는 법을 일본인들에게 배웠고, 일본인들은 담배 씨앗이 처음에 남반국에서 온 것이라고 말했다. 그래서 지금도 많은 사람들이 담배를 '남반코이(Nampancoij, 남만초)'라고 부른다.

요즘은 4~5살 아이들도 담배를 피울 정도로 널리 퍼졌다. 남녀를 막론하고 거의 모든 사람이 담배를 피운다. 담배가 처음 이 나라에 들어왔을 때는 파이프 한 대에 은화 한 냥이나 그에 상응하는 값어치를 지불했다. 남반국은 그들에게 가장 좋은 나라 중 하나로 알려져 있다.

---

25) 이 단어는 해석하는 사람에 따라, 대국사람이라는 말의 변형인 '태국사', 또는 중국사신을 일컫는 '칙사', 또는 중국인을 일컫는 '뙤국 사람'이라고 해석되기도 한다.

조선의 옛 기록에는 이 세상에 84,000개의 나라가 있다고 쓰여 있다. 하지만 이 이야기는 단순한 우화로 여겨진다. 이들은 84,000개의 나라에 섬과 암초, 그리고 바위들도 포함되어 있을 거라고 말하며, 태양이 하루 동안 그렇게 많은 나라를 비출 수 없다고 한다. 우리가 그들에게 다른 나라들의 이름을 일러주자, 그들은 비웃으며 그것은 모두 도시나 마을의 이름일 거라고 말했다. 그들의 지도에는 시암(현재의 태국) 너머의 지역은 그려져 있지 않기 때문이다.

이 나라는 필수품을 자급자족할 수 있다. 쌀과 다른 곡물들, 그리고 면화와 대마로 만든 직물이 풍부하다. 누에도 많이 있으나, 사람들은 누에로 실을 뽑고 가공하여 좋은 비단을 만드는 방법을 모른다. 이 나라에는 은, 철, 납, 호랑이 가죽, 인삼 뿌리와 그 외 다른 상품들이 많이 있다.

이 나라에서 나는 약재로 환자들을 치료할 수 있지만, 일반 서민들에게는 거의 사용되지 않는다. 의원들은 주로 양반을 치료하고, 서민은 비용이 부담스러워 치료를 받지 못하기 때문이다. 이 나라는 원래 매우 건강한 나라다.

일반 서민들은 의사 대신 장님이나 점쟁이의 조언을 듣고 따른다. 산이나 강, 절벽, 바위에 제사를 지내거나 우상이 있는 집에서 악마를 불러 조언을 구하는 식이다. 하지만 이런 관행은 1662년에 국왕이 모든 우상의 집을 파괴하고 없애 버린 이후로 더 이상 행해지지 않는다.

도량형 및 화폐

이 나라 전국에 걸쳐 상인들이 사용하는 길이와 무게의 단위는 동일하게 통일되어 있다. 하지만 일반 서민들과 소규모 장사꾼들 사이에는 이러한 단위를 속이는 일이 많이 일어난다. 일반적으로 판매자는 물품의 무게를 덜어내거나 크기를 줄이고, 이것이 구매하는 사람들에게는 더 무게가 많이 나가고 더 크게 보이게 만든다. 많은 관리들이 이러한 상황을 잘 감시하려고 하지만, 판매자들이 각자 사용하는 자와 저울이 다르기 때문에 사기를 완전히 막을 수는 없다.

화폐는 이 나라 사람들에게 흔히 쓰이지 않는다. 다만 중국 국경 근처에서 통용되는 화폐가 있다. 그들은 은의 무게로 거래하는데, 크고 작은 은 조각들을 사용한다. 이는 일본의 은전과 비슷한 형태이다.

동물

이 나라의 가축과 가금류는 다음과 같다. 말과 소가 많은데, 황소는 대부분 거세되지 않는다. 농부들은 암소와 황소를 이용해 땅을 갈고, 여행자와 상인들은 말을 사용하여 물건을 운반한다. 호랑이도 많은데, 그 가죽은 중국과 일본으로 수출된다. 곰, 사슴, 멧돼지 및 집돼지, 개, 여우, 고양이와 다른 동물들도 있다. 뱀과 같이 독을 가진 동물들도 많다. 백조, 거위, 오리, 닭, 황새, 백로, 두루미, 독수리, 매, 까치, 까마귀, 뻐꾸기, 비둘기, 도요새, 꿩, 종달새, 푸른머리되새,

지빠귀, 물떼새, 말똥가리 등 다양한 새들이 풍부하게 있다.

언어, 문자, 계산방식

이 나라 사람들이 말하고 쓰고 계산하는 방식에 대해 말해 보겠다. 조선의 언어는 다른 언어들과 매우 다르다. 하나의 사물을 여러 가지 방식으로 표현하기 때문에 배우기가 매우 어렵다. 그들은 무척 명료하고 천천히 말하는데, 특히 상류층 사람들이나 학자들이 그러하다. 그들은 세 가지 방식으로 글을 쓴다. 첫 번째이자 가장 중요한 방식은, 중국인과 일본인의 것과 비슷한데, 이 방식으로 모든 책을 인쇄하고 국가와 정부에 관한 문서를 기록한다. 두 번째는 네덜란드의 필기체와 비슷한데, 아주 빨리 흘려 적는 방식이다. 이는 주로 상류층과 관리들이 판결문을 작성하거나 청원서에 답변을 달거나 서로 편지를 주고받을 때 사용한다. 이 글은 일반 평민들이 잘 읽지 못한다. 세 번째이자 가장 단순한 방식은 여성과 평민들은 사용하는 글이다. 이 글은 배우기가 쉽고, 한 번도 들어보지 못한 이름들도 앞서 언급한 문자들보다 훨씬 쉽고 명확하게 표현할 수 있다. 이 모든 문자들은 붓을 이용해 매우 빠르고 능숙하게 쓰인다.

그들은 필사본의 옛 문서들과 인쇄된 책을 많이 보관하고 있다. 이 책들을 아주 소중하게 여기기 때문에 왕의 형제나 왕자가 이 문서들을 항상 관리한다. 화재나 다른 사고로 이 자료들을 완전히 잃어버리지 않도록 사본과 인쇄 목판을 여러 도시와 요새에 보관한다.

달력과 비슷한 책들은 중국에서 만들어 지는데, 그들은 이것을 만드는 지식이 없기 때문이다. 그들은 목판을 이용해 인쇄하며, 인쇄되는 종이의 각 면마다 별도의 판이 있다.

그들은 긴 나무 막대기(주판)를 이용해 계산하는데, 네덜란드에서 사용하는 계산용 동전과 비슷하다. 그들은 상업에서 쓰는 장부 기록법(부기)에 대해 잘 알지 못한다. 그들은 물건을 구매할 때 그 가격을 기록하고, 그 물건을 얼마에 팔았는지를 적는다. 그리고 판매가격에서 구매가격을 뺀 뒤, 매출에 이익이 생겼는지 손해를 보았는지 확인한다.

왕의 행차

왕이 외출할 때는 모든 귀족(대신)들이 수행한다. 귀족들은 가슴과 등에 문장이나 자수 장식이 새겨진 검은 비단 옷을 입고, 허리에는 크고 넓은 허리띠를 두른다. 녹봉을 받는 기마병과 병사들은 행렬 선두에 위치한다. 이들은 아주 멋지게 차려 입고, 많은 깃발을 들고 여러가지 악기를 연주한다.

그 뒤로 왕의 경호대가 뒤따른다. 이들은 도성에서 지위가 높은 양민들로 구성된다. 왕은 그들 사이에서 아름답게 만들어진 금빛 가마를 타고 행차한다. 이때는 주위가 너무 조용해서 사람들이 지나가며 옷깃 스치는 소리와 말발굽 소리밖에 안 들릴 정도다.

왕 바로 앞에는 왕의 비서(승지)나 다른 신하 한 명이 말을 타고 가는데, 그는 작은 상자 하나를 들고 있다. 왕에게 청원을 하고 싶은 사람은 그 상자에 탄원서를 넣는다. 관리나 다른 사람에게 부당한 대우를 받았거나, 재판관으로부터 판결을 받지 못했거나, 부모나 친구가 부당하게 처벌을 받았거나 하는 등 호소할 일이 있으면 탄원서를 쓴다. 이 탄원서들은 대나무 막대기에 묶여 벽이나 울타리 뒤쪽에서 들어 올려진다. 그곳을 지나가는 담당자가 이 탄원서를 수거한 후, 앞서 언급한 비서나 다른 이에게 전달한다. 왕이 궁으로 돌아갈 때 이 상자가 전달된다. 이 탄원서를 보고 왕이 판결을 내리는데, 이는 최종 판결로 여겨진다. 아무도 왕의 판결에 반대하지 못하며, 판결은 즉시 집행된다.

왕이 행차하는 모든 거리는 양쪽이 폐쇄된다. 누구도 문이나 창문을 열거나 열어 둘 수 없으며, 담이나 울타리 너머로 보는 것은 절대로 허용되지 않는다. 왕이 귀족들이나 병사들 앞을 지나갈 때, 그들은 등을 돌리고 서 있어야 하며, 뒤돌아보거나 기침을 해서는 안 된다. 이 때문에 대부분의 병사들은 입에 나뭇가지를 물고 있는데, 마치 말에게 재갈을 물린 것 같은 모습이다.

청나라 사신이 조선에 올 때면, 왕은 모든 조정대신들과 함께 도성 밖으로 나가 그를 직접 맞이하고 경의를 표해야 한다. 그리고 그를 숙소까지 호위한다. 청나라 사신을 맞거나 배웅할 때는 왕에게 하는 것보다 더 성대하게 대접한다. 온갖 악기들이 연주되고, 곡예사들과 재주꾼들이 사신 앞을 걸어가며 각자의 공연 예술을 선보인다. 또한 이 나라 사람들이 발명한 진귀한 물건들이 행렬 앞쪽에 운반된다.

청나라 사신이 도성에 머무는 동안, 그의 숙소에서 왕궁까지의 거리는 많은 병사들로 붐빈다. 약 10~12길(18m~22m)정도의 간격으로 병사들이 줄지어 서 있는데, 그들 중 2~3명은 청나라 사신의 숙소에서 나오는 서신을 서로 전달하는 역할만을 수행한다. 이는 왕이 사신의 상황을 시시각각 알 수 있게 하기 위함이다. 요컨대, 조선인들은 사신에게 경의를 표하고 그를 잘 대접하기 위해 온갖 노력을 다한다. 이것은 사신의 황제에게 존중을 표하기 위한 것이며, 또한 사신이 이들에 대해 불평하지 않도록 하기 위함이다.

네덜란드 동인도회사(VOC) 공문서
표류된 네덜란드인들에 관한 서신

일본 상관 일지 1

a.

1666년 9월 14일 화요일

3일 전부터 이곳(나가사키/데시마)에서는 고토(伍島) 영주가 이 도시의 총독[1] 진사브로에게 보낸 서신에 전해진 소식이 돌기 시작했습니다. 서신에 따르면, 이상한 복장을 한 8명의 유럽인들이 특이한 모양의 배를 타고 자신의 영지에 도착했다고 합니다. 영주는 날씨와 바람이 좋아지는 대로 이들을 나가사키로 보낼 예정이라 하였습니다. 이 소식은 매시간 상황에 대한 이야기가 바뀌어서, 그 진위를 파악하거나 기록으로 남기기 어려운 상황이었습니다.

오늘 아침에야 우리는 그 이상한 배와 일행이 어젯밤 고토에서 이곳에 도착했다는 것을 알게 되었습니다. 총독이 이들을 자세히 심문한 후, 오후 1시쯤 우리 섬(데시마)으로 보내왔습니다. 알고보니 이들은 8명의 네덜란드인으로, 1653년에 스페르베르(Sperwer) 호가 5일간의 끔찍한 폭풍우와 싸우다 8월 16일 제주도에서 침몰했을 때의 생존자들이었습니다. 이 8명의 인적사항은 다음과 같습니다

1. 헨드릭 하멜 - 호르쿰 출신. 1651년 포헬스트라위스(Vogel Struijs) 호를 타고 동인도에 왔으며, 회계보조로 시작해 후에 월급 30길더의 회계원으로 승진함.

2. 호베르트 더네이젠 - 로테르담 출신. 1651년 로테르담(Rotterdam) 호를 타고 동인도에 왔으며, 부갑판장(보조 선관)으로 일함.

3. 더네이스 호베르첸 - 위 호베르트의 아들. 아버지와 함께 왔으며, 월급 5길더를 받는 견습생으로 일함.

4. 마테우스 이보켄 - 엔크하우젠 출신. 1652년 엔크하우젠(Enckhuijsen) 호를 타고 동인도에 왔으며, 월급 14길더를 받는 선의(이발사)로 일함.

5. 얀 피터스 - 헤렌벤 출신. 1651년 포헬스트라위스(Vogel Struijs) 호를 타고 동인도에 왔으며, 월급 11길더의 포수로 일함.

6. 헤리트 얀스 - 로테르담 출신. 1648년 제이란디아(Zeelandia) 호를 타고 동인도에 왔으며, 견습생으로 시작해 후에 월급 10길더의 선원으로 승진함.

7. 코르넬리스 디르크스 - 암스테르담 출신. 1651년 발피스 (Walvisch) 호를 타고 동인도에 왔으며, 월급 8길더의 선원으로 일함.

8. 베네딕투스 클레르크 - 로테르담 출신. 1651년 제이란디 아(Zeelandia) 호를 타고 동인도에 왔으며, 월급 5길더의 견습 생으로 일함.

앞서 언급한 사람들은 13년동안 코레아의 섬사람들 사이에서 겪은 일들을 여기서 길게 이야기하지 않으려 하며, 또한 그럴 수도 없을 것 같습니다. 더 광범위한 설명이 필요하겠지만, 간단히 말하자면, 이 불쌍한 사람들과 함께 했던 다른 28명의 선원들, 그러므로 총 36명의 영혼들이 스페르베르(Sperwer) 호에서 살아 남아 앞서 말한 켈파르트 섬(제주도)에 상륙했습니다. 첫 8개월은 그곳(제주도)에서 감시를 받으며 생활하다가 이후 조선의 섬(본토)으로 이송되었습니다.

그들은 종종 한 곳에서 다른 곳으로 이송되었다고 합니다. 대체로 매우 궁핍하고 가난한 대우를 받았습니다. 그러다 그들 일행 중 20명이 사망하게 되어 16명이 남았는데, 그중 조선을 떠난 8명을 제외하고 아직 생존해 있으며, 나라 곳곳에 흩어져 지내고 있다고 합니다. 남아 있는 8명의 이름은 다음과 같습니다. (탈출할 때 사람들의 의심을 피하고자 집에 3명의 동료를 남겨 두고 떠났다고 합니다)

1. 요하니스 람펜(암스테르담 출신, 상선보좌)

2. 헨드릭 코르넬리스(플리란트 출신)

3. 얀 클라스(도르트레흐트 출신, 요리사)

4. 야콥 얀스(플레케렌[2] 출신)

5. 산더 부스케트(리트 출신)

6. 얀 얀스 스펠트(위트레흐트 출신)

7. 안토니 울디르크스(흐리텐[3] 출신)

8. 클라스 아렌츠(오스트포르트[4] 출신)

진사브로 총독은 앞서 언급한 8명을 우리 섬으로 보내면서 통역관들을 통해 다음과 같이 전했습니다. 이들을 잘 대우하고, 이들이 얼마나 기적적으로 고난에서 벗어났는지, 또 자유를 얻기 위해 그런 허름한 배로 목숨을 걸고 얼마나 머나먼 길을 떠났는지를 기억하라는 것이었습니다. 총독은 이 건에 대해 에도에 서신을 보내어, 추후 이들을 어떻게 처리해야 할지 지시를 받은 후 우리에게 전달하겠다고 했습니다. 우리는 총독의 이러한 배려에 깊이 감사드리며, 그의 지시에 따르겠다고 답했습니다.

이들은 이달 4일 저녁에 작은 배를 타고 조선을 떠나 계속된 북풍에 실려 고토 섬 근처까지 왔다고 합니다. 10일, 그곳에서 부는 강한 남풍 때문에 어쩔 수 없이 (그들의 의도와는 달리) 피난처를 찾아야 했는데, 자신들이 어디에 있는지도 몰랐으며, 우호적인 사람들을 만날지 적을 만날지도 알 수 없었다고 합니다.

주목할 만한 점은, 스페르베르호의 생존자들이 제주도에 있을 때의 일입니다. 그들은 8개월 동안 자신들의 처지를 알 수 없었는데, 그때 조선에서 한 노인이 그들을 찾아왔습니다. 네덜란드인처럼 보이는 그 노인은 (아마도 제주도 관리가 조선 국왕의 요청을 받아 데려온 사람일 것입니다.) 그들을 한참 살펴본 뒤 서투른 네덜란드어로 "당신들은 어느 나라 사람이오?"라고 물었습니다. 그들이 네덜란드인이라고 하자 그는 "나도 네덜란드인이오. 더 레이프(De Rijp) 출신이고 이름은 얀 얀스 벨테브레이요(Jan Jansz. Welteveen). 여기서 26년을 살았소."라고 말했다고 합니다.

그는 1627년 아우어르스케르크(Ouwerskerck) 호를 타고 항해하다가, 이 배가 북쪽 해역에서 나포한 중국 배에 옮겨 타게 되었고, 타고 있던 배가 이 섬들(조선) 근처에서 표류하게 되었습니다. 그는 동료들과 함께 물을 구하기 위해 육지로 갔다가 다른 두 명과 함께 중국인들에게 잡혔다고 합니다. 그 두 동료는 타타르(청나라)가 이 섬들을 점령할 때 사망했다고 합니다. 앞서 말한 얀 얀스 벨테브레이는 이 8명이 조선을 떠날 때까지도 살아있었으며, 70세가 넘은 노인이었습니다.

b.

1666년 10월 17일 일요일 (…) 오늘 우리는 통역관들을 통해 (예의상) 총독들에게 한 달 전 조선에서 온 네덜란드인 8명을 바타비아로 데려갈 수 있는지 문의했습니다. 하지만 에도 조정으로부터 아직 지시나 답변이 오지 않았다는 이유로 거절당했습니다. 조만간 답변이 올 것이라고는 하지만, 배들은 내일 출항해야 하고 이 불쌍한 사람들은 여기서 1년을 더 기다려야 할 것으로 보입니다. 그들에게는 정말 안타까운 일입니다.

나가사키에서 바타비아로 보내는 서신 [5]

C.

존경하는 요안 마트사이커르 네덜란드령 동인도의 총독님과 최고회의 위원님들께

지난달 14일, 헤아릴 수 없이 무한하신 하느님의 섭리로 8명의 사람들이 조선 땅에서 출발해 기적적으로 이곳에 도착했습니다. 진사브로 총독의 명령에 따라 이들은 우리 섬으로 보내졌습니다. 이들은 1653년 히라도 북쪽으로 약 2마일 떨어진 곳에 위치한 제주도 주변에서 스페르베르 호가 침몰했을 때 생존한 사람들입니다. 그중 한 명은 해당 선박의 회계원인 헨드릭 하멜이며, 나머지 7명은 선원들로, 이들은 작은 배를 타고 도망쳐 왔습니다. 그들의 동료 8명은 아직도 조선 땅에 남아있습니다. 이곳에 도착한 8명은 에스페란스 호를 타고 바타비아로 갈 예정입니다. 그리고 우리의 일지에 기록된 상황들을 통해 귀하께서 자세한 정황을 파악하실 수 있을 것입니다.

나가사키에서 1666년 10월 18일

빌럼 폴허르, 다니엘 식스, 니콜라스 드 로이, 다니엘 판 플리트

(이 서신은 동인도회사 문서 번호 11725에 보관되어 있음)

보고서[6]

d.

(…) 우리는 스페르베르 호 조난 생존자 8명이 바타비아로 가서 귀하 앞에서 조선 땅에서 겪은 13년간의 고난을 보고하게 될 것이라고 믿고 있었습니다. 그러나 상황이 완전히 다르게 진행되어 저 뿐만 아니라 이 불쌍한 사람들이 매우 슬퍼하고 있습니다. 제가 나가사키를 떠나기 하루 전 곤네몬데 총독에게 그들의 출발 허가를 요청했을 때, 그는 에도 조정으로부터 아직 지시를 받지 못했다는 이유로 거절했습니다. 게다가 그는 이들이 먼저 에도로 불려가 막부 대신들 앞에 출두해야 할지도 모른다고 했습니다. 무슨 목적으로 출두해야 하는지도 말하지 않았습니다. 하지만 그렇게 될 것 같지는 않으며, 이에 대해서는 귀하께서 곧 그곳으로 오는 배편으로 소식을 전해 받게 되실 겁니다. 그동안 이 불쌍한 영혼들은 완전한 자유를 얻기까지 또 1년을 더 기다려야 하는 힘든 상황에 처해있습니다.

그들은 저에게 귀하께 부탁해 달라고 요청했고, 저는 그들을 위해 귀하께 청원하기로 했습니다. 이에 삼가 청하오니 그들의 가련한 처지를 자비로운 마음으로 살펴주시어, 그들을 다시 회사의 급여 장부에 등재하고 생계 유지를 위한 약간의 지원을 받을 수 있도록 지시해 주시기를 바랍니다. 우리는, 또한 그들은, 귀하의 자비심으로 이 일을 처리해주시기를 다시 한 번 간청드립니다.

(이 서신은 동인도회사 문서 중 1667년 수신된 편지들 (제2권), 문서번호 1149에 보관되어 있음. 11725에도 보관되어 있음)

[추가 기록]

1667년 4월 20일자 바타비아 정부가 나가사키에 보낸 서신에 따르면, 에스페란스(Espérance)호는 1666년 11월 30일 바타비아에 도착했습니다. 그리고 서신에는 "(에스페란스 호를 타고 온) 빌럼 폴허르가 전년도 10월 18일자로 귀하의 귀중한 서신과 그의 개인적인 보고서를 전달하였습니다."라고 적혀있습니다.

바타비아 정부는 전년도 10월 18일자 서한에 대한 답신(1667년 5월 9일자)에서 다음과 같이 쓰고 있습니다: "우리는 작년에 조선에서 비참하게 탈출하여 나가사키로 와서 그곳에 억류된 8명을 이제는 나가사키 총독들이 풀어주어 이곳으로 보내줄 것이라 믿어 의심치 않습니다."

일본 상관 일지 2

e.

1666년 10월 25일 수요일 (…). 오늘 아침 9시경 통역관들이 일제히 와서 총독의 이름으로 전하기를, 9월 14일 조선에서 온 네덜란드인 8명이 가나마 곤네몬데 총독의 관저로 가서 곧 업무 시작을 앞둔 진사브로 총독 앞에서 다시 한 번 심문을 받아야 한다고 했습니다. 저는 그들을 불러 즉시 함께 그곳으로 가라고 지시했습니다. 영리한 일본 관리들이 어떤 질문을 할지는 그들이 돌아오면 알게 될 것이었습니다.

정오가 조금 지나 해당 네덜란드인들이 섬으로 돌아왔고, 이어서 회계원 헨드릭 하멜이 보고하기를, 총독 앞에서 그들의 이름과 나이, 조선인들의 상거래 방식과 생활 양식, 그들이 입는 의복, 그들이 쓰는 무기, 생활 방식과 종교, 포르투갈인이나 중국인이 그 땅에 사는지 여부, 그리고 몇 명의 네덜란드인이 아직 그곳에 남아있는지 등을 질문받았다고 했습니다. 그들은 각 질문에 만족스러운 답변을 들은 후에야 섬으로 돌아가라는 지시를 받을 수 있었다고 합니다. 이들이 일본 황제로부터 출국 허가를 받을 수 있을지는 아직 알 수 없습니다.

f.

1667년 2월 17일 (…), 조선에서 온 네덜란드인 8명의 출국과 그곳에 아직 남아있는 이들의 석방 문제를 나가사키 총독 중 한 명은 기억하고 있을 것이며, 따라서 현재 에도에 체류 중인 그의 동료(총독)에게 이 건에 대한 서신을 보낼 것입니다.

(이 서신은 동인도회사 문서 번호 1155에 보관되어 있음)

g.

1667년 4월 14일 (에도에서) (…) 우리의 일본인 서기가 조선에서 탈출해 이곳에 온 네덜란드인 8명의 출발을 촉진하기 위한 요청사항을 (…) 서면으로 작성한 후 (…) 우리는 앞서 언급한 나가사키 총독에게 그 문서를 전달하며, 이를 고려해줄 것을 요청했습니다.

나가사키에서 바타비아로 보낸 서신, 1667년 10월 13일

h.

(…) 이 기회에 (1667년 4월 14일 에도에서) 우리는 두 위원에게 조선의 선원들을 석방하는 건에 대한 작은 청원서를 제출했습니다.

일본 상관 일지 3

i.

1667년 10월 토요일 22일, 매우 비가 많이 오는 날씨였는데도 불구하고, 오늘 우리는 선박 비떠 레이우(Witte Leeuw)호와 스프레이우(Spreeuw)호를 475,724 길더 15스타이버 3페닝 상당의 화물과 함께 바로 바타비아로 보냈습니다. 화물은 4,000 피콜의 구리 봉, 250 피콜의 장뇌, 35벌의 일본 비단 옷과 80상자의 은화으로 구성되어 있습니다. 하느님께서 그들이 안전하게 항해하기를 허락하시길.

오늘 조선에서 온 8명이 출발해도 좋다는 허가를 받았습니다.

나가사키에서 바타비아로 보낸 서신, 1667년 10월 22일

j.

나가사키의 신임 총독 진사브로가 이전 총독인 곤네몬데 후임으로 이미 며칠 전에 부임했음에도 불구하고, 우리는 작년에 조선에서 온 8명의 네덜란드인들이 출발할 수 있다는 허가를 오늘에서야 받을 수 있었습니다. 따라서 그들은 스프레이우호를 통해 귀하에게 이 송될 것입니다."

총독과 평의회의 결의안, 1667년 12월 2일

k.

얀(헨드릭의 오기) 하멜과 다른 7명은 1653년 스페르베르호를 타고 있다가 조선의 한 섬에서 난파되어 그곳에 억류된 채 있다가 작년에 작은 배로 탈출하여 나가사키의 우리 사람들에게 도착하였음. 이들은 평의회에 준비된 배들로 조국으로 돌아갈 수 있는 허가와 억류 기간 동안의 급여를 지급해 줄 것을 요청하였음. 논의 후 첫 번째 요청은 허가하되, 두 번째 요청은 일반 규정에 위배되므로 거절하기로 했음. 다만 그들의 급여 계산은 나가사키 상관에 도착한 작년 9월 14일부터 다시 시작하기로 했음.

또한 이들 중 일부가 어린 나이로 인해 견습생 급여만 받고 있었으므로, 본국으로의 귀국을 위해 그들의 임금을 월 9길더로 인상하기로 했음.

총괄 서신, 1667년 1월 25일

l.

고토의 영주로부터 작은 배를 타고 조선의 섬들에서 출발하여 그곳에 도착한 8명의 네덜란드인들이 나가사키로 보내졌습니다. 1653년 제주도에서 스페르베르호가 난파되어 선원 중 36명이 살아남았다고 했습니다. 그들은 조선인들에게 매우 가난하게 대우받았고 때때로 이 섬에서 저 섬으로 이동해야 했습니다. 이 과정에서 13년 동안 20명이 사망했습니다.

앞서 말했듯이 8명이 작고 초라한 어선으로 도망쳤고, 다른 8명은 그곳에 남아있습니다. 그들 중에는 서투른 네덜란드어로 자신도 더 레이프 출신의 네덜란드인이며 이름이 얀 얀스 벨테브레이라고 말한 한 노인이 있었습니다. 그는 그곳에서 39년을 보냈으며 1627년 아우어케르크호를 탔다가 우연히 중국 배를 타고 그곳에 도착했다고 했습니다. 그곳에 남아있는 네덜란드인들과 나가사키로 도망쳐 온 다른 8명의 이름은 1666년 9월 14일자 일본 상관 일지에 성과 이름이 모두 기록되어 있으니, 그것을 참조하기 바랍니다. 그들은 나가사키에 있는 8명의 네덜란드인들이 바타비아로 떠날 수 있게 해달라고 요청했으나, 관리들은 에도에 서신을 보내 허가를 요청해야 한다는 구실로 거절했습니다.

(네덜란드 동인도회사 서신 1667, 제1권. 식민지문서보관소 no. 1146)

.

총괄 서신, 1667년 12월 23일

m.

일본에서 지난 11월 28일, 매우 좋은 소식과 함께(하느님께 진심으로 감사드립니다.) 두 척의 선박 스프레이우호와 비터 레이우호가 10월 23일 출발하여 안전하게 이곳에 도착했습니다 (…). 작년에 조선에서의 13년간 억류 생활에서 해방된 8명의 네덜란드인들이 이제 스프레이우호를 타고 이곳에 안전하게 도착했습니다.

(네덜란드 동인도회사 서신 1668, 제1권 (일본), 식민지문서보관소 no. 1152)

본국 서신

-1667년 11월 20일

n.

1653년에 스페르베르호가 조선 섬들에서 난파되었을 때 살아남아 억류 생활을 했던 이 불쌍한 사람들에 관한 이야기와, 그 중에서도 1627년경부터 그곳에 있었던 한 노인에 관한 이야기, 그리고 그 사람들 중 8명이 일본에 도착했다는 귀하의 이야기는 참으로 놀랍습니다. 이 사람들은 의심할 여지없이 그 섬들의 상황과 그곳에서 할 수 있는 일들(무역 가능성)에 대해 어느 정도 보고할 수 있을 것입니다. 앞서 말한 섬들에 아직 남아있는 나머지 포로들의 자유도 확보할 수 있다면 그것은 의로운 임무가 될 것입니다.

-1668년 8월 22일

o.

우리는 1653년 스페르베르호를 타고 조선에 난파되어 육지로 구조된 후 13년 28일 동안 포로로 있었거나 억류되어 있었던 사람들 중 7명을 면담했고, 그곳의 상황과 무역 가능성에 대해 질문했으며, 그들이 우리에게 제출한 진술서를 읽었습니다. 우리는 그 안에서 일본인들이 그곳에서 무역을 하고 상관을 가지고 있다는 점, 그 나라가 후추, 사판목, 백단향, 사슴 가죽과 상어 가죽을 거래한다는 점, 또한 우리가 일본 시장에 가져가는 것과 같은 상품들을 거래한다는 점을 주목했습니다. 매우 추운 나라이기 때문에 이곳의 직물이 가장 중요한 상품이 될 수 있다고 생각됩니다.

우리는 아직 그곳에 남아있는 억류자들을 구실로 하여 그 지역으로 사절단을 보내는 것이 좋을지 고민하고 있습니다. 이는 우리도 그곳에서 무역을 허가받을 수 있는지 그 가능성을 알아보는 것이 유용할 수 있겠다고 생각하기 때문입니다. 앞서 말한 사람들은 회사를 위해 그 여행과 사절단에 다시 참여할 의향이 있다고 합니다. 그들이 우리에게 알린 바로는, 여덟 번째 사람인 회계원은 아직 바타비아에 남아있다고 합니다.

앞서 말한 진술서에 따르면, 조선인들은 육로로 베이징과도 무역을 하고 있어서, 만약 우리가 (조선에) 무역 허가를 받는다면 그곳에 가져갈 많은 상품들이 그곳(베이징)을 거쳐 판매될 수 있을 것입니다. 하지만 우리가 예상하는 가장 큰 장애물은 조선이 청나라 황제의 조공국이며, 매년 조사차 위해 감찰관을 보내는데, 우리가 그곳에 있다는 것을 알게 되면 이를 막으려 할 가능성이 높다는 점입니다. 특히 황제가 자국 내에서 우리와의 무역을 허용하지 않고 있는 상황이므로, 이러한 움직임에 반대할 가능성이 큽니다. 그러나 피터 판 호른(Pieter van Hoorn) 7) 님이 귀하에게 그 상황에 대해 더 자세히 보고할 수 있을 것이므로, 귀하께서는 그 사절단 파견에 대해 동인도회사의 이익에 가장 부합하는 방식으로 적절히 처리하고 결정하실 수 있을 것입니다.

17인 위원회(Heeren XVII)의 결의안

-1668년 8월 10일

p.

심의한 결과, 13년간 조선에 포로로 있다가 돌아온 8명에 대해, 이 회의에서 선발된 위원들이 그 나라의 특성, 상태, 상황에 대해 그들의 이야기를 들어볼 것을 결의했다. 이를 위해, 이 사람들이 제기한 요구사항들을 조사하고 회의에 그들의 견해와 조언을 제공하기 위해, 문터(Munter), 파니우스(Fannius), 로데스테인(Lodesteijn) 씨와 회사의 법률고문, 그리고 주요 주주 중 테이스(Thijssz.) 씨를 임명한다.

-1668년 8월 11일

q.

어제의 결의에 따라 조선에서 포로로 있었던 사람들을 소환하여 심문한 위원들의 보고를 듣고, 또한 그들이 제출한 청원서를 읽었다. 청원서는 조선에서 포로로 있었던 13년 28일 동안의 급여 지급을 요구하는 내용이었다. 심의 후 규정 42조와 51조를 읽어본 결과, 이에 대해 결의하기 전에 그들이 제출한 서면 보고서를 읽고 검토하기로 했으며, 이를 위해 앞서 언급한 위원들을 임명한다.

-1668년 8월 13일

ㄱ.

11일자 결의에 따라 조선에서 최근 돌아온 이들의 구금과 포로 생활 동안 일어난 일들과 사건들에 대한 진술서를 검토하고 조사한 위원들로부터 보고를 받았다. 이는 그곳의 상황과 무역 가능성에 대한 내용도 포함하고 있다. 이에 대해 심의한 결과, 총독과 평의회에 다음과 같이 통보하기로 했다:

우리는 그곳에 사절을 보내어 무역이 허가될 수 있는지 시도해보는 것에 반대하지 않으며, 이는 총독과 평의회가 이견이 없는 경우에 한한다.

또한 앞서 언급한 7명의 사람들에게 동정심의 발로로 1,530길더의 위로금을 다음과 같이 나누어 지급하기로 결의했다.

호베르트 더네이젠(항해사, 월급 14길더) - 300길더

얀 피테르젠(선원, 월급 11길더) - 250길더

헤리트 얀젠(월급 9길더) - 200길더

코르넬리스 디르크서(월급 8길더) - 180길더

더네이스 호베르첸(월급 5길더) - 150길더

베네딕투스 클레르크(월급 5길더) - 150길더

마테우스 이보켄(3등 선의, 월급 14길더) - 300길더

총액: 1,530길더

해방된 난파자들에 대한 보고

나가사키 일지

a.

1668년 8월 14일 저녁에 데시마 섬의 오토나(책임자)가 와서 알리기를, 황제 께서 1653년 스파르베르호가 난파했을 당시 생존한 네덜란드인들 중 1666년에 8명이 기적적으로 조선에서 탈출해 이곳에 도착했던 건에 대해, (조선에 남아 있는) 나머지 사람들을 조선에서 데려오도록 했으며 내일이나 모레 우리 쪽에 도착할 수 있을 것이라고 했다. 이는 네덜란드인들에 대한 황제의 큰 배려라 할 수 있다.

9월 16일 오후에 나가사키 총독이 1653년 이래로 조선 섬에서 살아왔던 스페르베르호의 네덜란드인 7명을 데시마 섬의 우리에게 보냈다. 이들은 황제의 명령으로 쓰시마 영주를 통해 조선에서 데려온 것이다. 1666년에 도망쳐 온 8명의 네덜란드인들이 그곳에 남아있다고 했던 여덟 번째 사람은 이미 사망했다. 그들은 계속되는 남풍과 배의 돛대 파손으로 인해 조선에서 이곳까지 오는 데 2개월이 걸렸다.

이들은 조선의 관리로부터 옷 한 벌, 각각 10카티의 쌀, 두 필의 마와 기타 선물을 받았다. 또한 쓰시마 영주로부터 여행 중에 먹을 것과 마실 것, 각각 옷 한 벌을 제공받았으며, 그들 7명에게 총 2만 냥의 동전이 선물로 주어졌다. 이 모든 것이 나가사키 총독의 지시로 두 명의 상급 감독관을 통해 우리에게 서면으로 전달되었다. 이는 일본 황제가 네덜란드인들에 대해 보여준 큰 배려이며, 전능하신 신의 놀라운 인도하심이다. 이 사람들에게 나가사키 총독의 추가 심문이 있을 예정이므로, 추가 명령이 있을 때까지 함께 머물며 그들의 의복을 그대로 유지해야 했다.

17일, 위에서 언급한 7명의 네덜란드인들은 진사브로 총독의 집에서 1653년 스파르베르호의 난파 상황과 조선에서의 생활에 대해, 그리고 일본인들과의 무역 교류에 대해 심문을 받았다. 그들은 진실되게 답변했으나, 특별히 회사에 유용한 내용은 없었다. 그들은 올해 출국이 허가되었고, 우리는 총독에게 진심으로 감사를 표했다.

나가사키에서 바타비아로 보낸 서신들

b.

-1668년 10월 4일.

1653년 스페르베르호 난파 이후 조선 섬에 머물러 있던 네덜란드인 7명(8번째 사람은 1666년 이후 사망)이 황제의 명령으로 그곳에서 이송되어 와, 지난 9월 16일 우리에게 보내졌습니다. 이들은 하느님의 은총으로 이번 배편의 작은 규모에도 불구하고 마지막 선적분과 함께 따라갈 것입니다.

c.

-1668년 10월 25일.

우리의 이전 서신에서 귀하께 삼가 알려드린 7명의 네덜란드인들, 즉 1653년 스페르베르호 난파 이후 조선 땅에 억류되어 있던 이들이 이제 바위엔스케르케(Buijenskercke)호를 타고 갑니다. 그들의 이름은 다음과 같습니다.

야콥 람펜(암스테르담 출신, 보조); 헨드릭 코르넬리스(플리란트 출신, 갑판장); 야콥 얀스(플레케렌 출신, 항해사); 산더 부스케트(리트 출신, 사무원); 안토니 울디리크(흐리텐 출신, 선원); 얀 얀스 스펠트(위트레흐트 출신, 견습 선원); 코르넬리스 아렌츠(오스트포르츠 출신)

총괄 서신, 1668년 12월 13일

d.

1653년 우리 고위 관리들이 스페르베르호와 함께 조선에 표류했던 네덜란드 생존자 8명의 석방을 요청한 결과, 그중 7명(1명은 이미 사망하였음)이 올해 나가사키에서 우리 거주지에 인계되었습니다. 이들은 니우포르트호(Nieuwpoort)를 타고 일본에서 출항했습니다. 선원이 부족했기 때문에 티모르(Timor) 섬에서 바위엔스케르크(Buijenskerck)호로 옮겨 태우려 했으나, 상황상 그렇게 할 수 없었습니다.

위에서 언급한 내용과 작년에 보고된 내용을 통해, 조선인이 중국에 공물을 바친다는 사실을 알 수 있었습니다. 이러한 사실로 미루어 볼 때, 조선은 중국과 일본에 모두 종속되었거나, 적어도 일본에 대해 상당한 존경을 표하고 있음이 분명합니다.

바타비아에서 나가사키로 보낸 서신, 1669년 5월 20일

e.

우리는 서류를 검토하면서 지난 9월 16일에 7명의 우리 동포들(1653년부터 조선에 포로로 있다가 1666년에 처음 우리가 알게 된)이 일본 정부의 주선으로 그들이 감금 상태에서 해방되어 데시마 섬으로 보내졌음을 확인했으며, 그 후 바타비아에도 무사히 도착했음을 확인하였습니다.

귀하가 궁정을 방문하였을 때 황제께 감사드리는 것을 잊지 않았으리라 믿습니다. 만약 아직 하지 않았다면, 반드시 해야 할 것입니다. 또한 이 사건은 매우 특별하고 드문 사건이므로, 수장들의 일반적인 감사 표현으로 그치지 말고, 귀하가 특별히 우리의 이름으로 황제께 감사드려야 한다고 여기고 있습니다. 이번 사건을 통해 우리가 얻은 매우 큰 만족감을 표현하기 위해서입니다.

본국의 VOC 이사회 여러분들이 이전 조선 생존자 귀환 사건을 계기로 조선에서 회사에 이익이 되는 무역이 가능할지 고려하고 있습니다. 하지만 이 사람들로부터 얻은 정보와 그곳 상황에 대해 우리가 더 알게 된 바에 따르면, 실질적인 성과를 기대하기는 어려울 것으로 생각됩니다. 이는 그 나라의 빈곤함과 외국인에 대한 거부감, 그리고 외국인들을 그들의 나라에 받아들이는 것을 꺼리는 점 때문입니다.

그리고 청나라와 일본이 이를 용인하지 않을 가능성 등을 고려한 것입니다.

거기에다 그 나라에서 큰 영향력을 지니고 존중을 받고 있는 타타르인들(청나라)과 일본인들이 이러한 무역을 허용하지 않으려 한다는 점은 당연한 일이며, 조선의 항구들이 무역에 적합한지도 의문이 제기되고 있습니다.

그럼에도 불구하고, 이러한 사안에 대해 보다 확실하고 신뢰할 만한 의견을 우리에게 전달해 주시기 바랍니다. 우리가 앞서 말한 견해들은 고려하지 마시고, 사안 자체의 실제 상황만을 보아주시기 바랍니다. 단, 일본인들에게 이것이 우리 회사가 고려하고 있는 일이라는 의심을 주지 말고, 단지 귀하의 호기심을 충족시키기 위한 대화로만 다루어주시기 바랍니다. 또한 직접적인 방법보다는 우회적인 방법으로 논의해 주시기 바랍니다. 귀하의 신중함을 믿고 맡기니, 보고를 받은 후 우리와 우리의 이사회 여러분들께 보고하도록 하겠습니다.

나가사키에서 바타비아로 보낸 서신, 1669년 10월 5일

f.

(…) 4월 16일 (에도의) 황제의 궁전에서 우리는 먼저 조선에서 7명의 네덜란드인들을 구출해준 것에 대한 우리의 감사인사를 겸손하게 표했습니다. (…)

귀하의 서신에 각 항목에 따라 답하자면, 우선 1667년 상인 다니엘 식스(Daniel Six)가 에도에 있을 때 (대신들 앞에서) 조선에 아직 남아있는 네덜란드인들의 석방을 요청했었기에, 그는 1669년 다시 출석하여 이에 대해 위원들과 막부 대신들에게 감사를 표하는 것이 당연한 의무라고 생각했습니다. 황제의 이름으로 이 감사가 받아들여졌으며, 우리가 알 수 있는 한 이 일이 만족을 준 것으로 보입니다.

하지만 귀하께서는 이 일에 대해 (매우 특별한 사건이므로) 수장들의 일반적인 감사 인사로 그치지 말고, 귀하의 이름으로 특별한 감사를 하도록 지시하셨기에, 우리는 이 은혜에 대한 귀하의 특별한 만족감을 나가사키 총독에게 전달했으며, 그는 이를 잘 받아들여 에도 궁정에 보고했습니다. 앞으로 드 하스(De Haas) 님이 (하느님의 뜻에 따라 에도에 출석하게 되면) 상황에 따라 (황제 본인이나 대신들 앞에서, 위원들과 나가사키 관리가 적절하다고 판단하는 대로) 귀하의 좋은 의도를 더욱 실현하도록 노력할 것입니다.

조선 섬의 상태와 상황에 대해 여기서 가능한 한 은밀히 자세히 알아보았지만, 회사가 그곳에서 어떠한 무역도 할 수 없을 것 같다는 결론을 내렸습니다.

먼저, 이 나라는 농사와 어업으로만 생계를 유지하는 가난한 사람들이 살고 있기 때문이고, 다른 한편으로는 그들이 외국인들과 교류하기를 원하지 않기 때문입니다. 또한 우리의 판단으로는 그들이 조공을 바치는 두 강대국인 타타르(청나라)와 일본 황제가 외국인들이 그곳에서 무역하는 것을 용납하지 않을 것입니다. 특히 일본 군주가 이에 반대할 것이며, 그가 항상 의심스럽게 생각하는 기독교인들이 그의 나라 가까이에 있는 것을 용납하지 않을 것입니다. 이는 그 기회를 통해 우리가 기독교를 전파하고 그의 나라를 다시 혼란에 빠뜨릴 발판을 마련할까 항상 두려워하기 때문입니다.

이쪽에서는 쓰시마의 영주를 제외하고는 섬(조선)으로 접근하는 것이 엄격히 금지되어 있으며, 누구든 어기는 사람은 사형에 처해진 위험이 있습니다. 쓰시마 영주에게만 특혜로서 타타르 중국인들과 무역할 수 있는 허가가 주어져 있는데, 이들은 비단과 직물을 공급합니다. 올해는 이 경로를 통해 600피콜의 실크가 일본에 들어왔고, 반대로 은(수출이 허용될 때), 금, 후추, 정향, 육두구, 향료, 유향, 백단향과 칼리아투르 목재 등이 수출되며, 이 모든 것이 그 나라를 통해 다시 중국으로 운송됩니다.

하지만 주민들 사이에서는 어떠한 중요한 무역도 이루어지지 않는 것으로 보입니다. 더구나 우리는 회사가 일본에서 유리한 무역을 계속하기를 원하는 한, (일본인들의 불만을 사지 않기 위해) 그곳에서 무역을 시도해서는 안 된다고 확신합니다. 왜냐하면 이 의심 많은 민족은 우리가 이를 통해 일본에 해로운 무언가를 도모하고 있다고 항상 의

심할 것이기 때문입니다. 이는 불신을 키울 뿐만 아니라 일본 왕국이 우리와 거래하는 것을 거부하는 결과로 이어질 수도 있을 것입니다

1670년 10월 19일자 서신

g.

(…) 우리는 3월 10일 (1670년)에 에도 방문 여정을 시작하여 4월 11일 에도에 도착하였습니다. 황제에 대한 통상적인 경의 표현은 20일에 이루어졌습니다. (…) 여기까지 궁정에서의 의무가 완료된 후, 우리는 통역관들에게 곤네몬데 총독과 두 위원들에게 가서 1653년 스페르베르호 난파 이후 조선에 억류되었다가 1668년에 황제의 도움으로 석방된 7명의 네덜란드인에 대해 우리가 귀하의 이름으로 감사의 뜻을 표하고자 한다고 전해달라고 요청했습니다.(…) 하지만 통역관들은 이에 대해 전혀 움직이려 하지 않았고, 작별 인사 전날인 4월 28일까지도 계속 미루었습니다. 그날 저녁 수석 통역관 시온 다이스가 저녁에 곤네몬데 총독으로부터 답변을 가져왔습니다. 총독은 우리가 나가사키에 도착했을 때 그에게 한 통보와 그가 대신들에게 한 보고로 충분하다고 생각한다고 했습니다. 그가 말하기를 대신들도 이에 대해 만족을 표했으므로 자신은 더 이상 이 일에 관여하고 싶지 않으며, 우리가 지금 대신들 앞에 가서 말을 하든 말든 자신은 상관하지 않겠다고 했습니다.

이 답변으로 통역관은 더 이상 이에 대해 언급할 수 없으며 위원

들을 이 일로 번거롭게 할 필요가 없다고 결론지었습니다. (…) 우리는 곤네몬데 총독의 이 불만족스러운 답변은 통역관이 우리의 이 임무와 의도를 너무 늦게 총독에게 알린 것에서 비롯되었다고 생각합니다. 이로 인해 충분한 시간을 갖고 이를 처리할 수 없었기 때문이라고 생각합니다. 이렇게 우리의 모든 노력은 결국 실패로 끝났으며, 이 중요한 일은 완수되지 못했습니다.

(…) 이전 조선 포로들의 석방에 대한 감사 표현과 관련해서는 더이상 언급할 필요가 없다고 판단됩니다. 이 문제는 이미 종료된 것으로 간주되며, 통역사들이 이를 우리의 의도보다 더 복잡하게 만들었다고 볼 수 있습니다.

(1671년 5월 29일자 상인 요아네스 캄프하위스(Joannes Camphuijs)를 일본 상관장으로 임명하는 위임 서신. 일본 총책임자들을 위한 기밀 메모의 일부로, 식민지 문서보관소 no. 798에 기록되어 있음)

바타비아에서 나가사키로 보낸 서신, 1670년 6월 16일

h.

조선에서 우리가 무역할 수 없다는 것은 지난 10월 5일자 서신에서 언급된 것과 같은 이유로 우리도 이미 이해하고 있습니다. 한편으로 다양한 상품들이 조선으로 운송되는 것은 나쁘지 않은 일입니다. 다만, 다른 한편으로는 작년에 그 경로를 통해 600피콜의 비단과 직물이 일본으로 운반된 것은 회사에 손해였던 점도 있습니다.

네덜란드동인도회사(VOC) 17인위원회의 결의안, 1670년 8월 29일

i.

플리란트 출신의 헨드릭 코르넬리스 몰레나르, 호르쿰 출신의 헨드릭 하멜, 위트레흐트 출신의 얀 얀스 스펠트가 제출한 청원서에 대해 - 이들은 1653년 스페르베르호를 타고 제주도에서 난파되어 15년간 조선에 억류되어 있었으며, 그 억류 기간 동안의 급여 지급 또는 합리적으로 제공될 수 있는 급여 보상을 요청했음 - 1668년 8월 13일에 유사한 사안에 대해 내린 결의를 검토한 후, 앞서 언급한 세 사람과 이와 유사한 상황의 다른 사람들도 앞서 말한 결의에 명시된 대로 그리고 그 비율에 따라 보상을 받을 수 있도록 처리하기로 결정하였음.

(네덜란드 동인도회사 기록 보관소 no. 256에 기록되어 있음)

본국 서신

j.

-1670년 9월 5일

귀하께서 조선 섬들의 상황에 대한 추가 정보를 얻은 후, 그곳으로 사절단을 보내는 계획을 중단한 것은 매우 적절한 결정이라고 생각됩니다.

k.

-1671년 5월 15일.

일본의 상관장과 평의회가 1669년 10월 5일자 서신에서 보고한 바에 따르면, 조선은 매우 가난한 나라이며 자체적으로는 거의 아무것도 생산하지 않지만, 중국인들과 일본인들이 그곳에서 서로 무역을 하고 있다고 합니다. 실제로 앞서 언급한 해에 그 경로를 통해 600피콜 이상의 비단이 일본에 들어왔고, 이는 후추, 정향, 육두구, 백단향, 그리고 은, 금 등과 교환된 것이라고 합니다.

우리는 우리(VOC)가 일본에 거주지와 무역을 가지고 있는 한, 조선에서 어떤 무역을 하려는 계획은 일본인들의 질투심과 불신을 불러일으킬 것이기 때문에 포기하는 것이 좋다고 판단했습니다. 또한 중국인들이 무역 시도를 쉽게 허용하지 않을 것이라는 점도 간과할 수 없습니다. 하지만 시간이 지나 상황이 변화한다면, 미래에는 어떤 가능성이 있을지 알 수 없는 일입니다.

부록 2 후팅크 해설
스페르베르 호의 출항

17세기 네덜란드 동인도회사(VOC)에 속했던 선박들 중에서 '스페르베르(de Sperwer)호'만큼 널리 알려지고 또 오랫동안 기억된 배는 없을 것이다. 동인도회사의 선박들은 동아시아의 위험한 해역에서 빈번히 발생하는 폭풍을 견디지 못하고 난파하는 경우가 많았다. 그렇기 때문에, 1653년 스페르베르 호가 포르모사(타이완)에서 출발해 일본으로 항해하던 중 목적지 항구에 도착하지 못했을 때도, 이해관계자들 외에는 별로 큰 관심을 갖지 않았다.

그러나 생존한 선원들이 낯선 땅에서 겪은 13년간의 흥미진진한 삶의 이야기는 당시 사람들에게 강한 인상을 남겼고, 그들의 경험담은 오늘날까지도 여전히 관심을 끌기에 충분하다. 이는 그들의 이야기가 당시 외국인에게 접근이 허용되지 않았고, 오랫동안 서양과의 교류가 철저히 차단되었던 조선에 대한 상세하고 신뢰할 만한 최초의 증언을 제공하기 때

문이다. 지난 두 세기 동안 유럽에 알려진 신비의 왕국 조선에 관한 정보는, 바로 스페르베르 호의 한 난파 생존자의 기록 덕분이었다.

1653년 봄, 네덜란드령 동인도정부는 포르모사(대만) 섬에 있는 동인도회사 정착지에 새로운 총독을 임명해야 했다. 이는 1649년에 부임한 니콜라스 페르부르흐(Nicolaas Verburg)가 사임을 요청했을 뿐만 아니라, 그가 직책을 계속 유지하는 것 또한 적절하지 않다고 판단했기 때문이었다. 이 '귀중한 보석'이자 '극히 중요한' 총독령의 통치를 위해서는 '특별한 지혜와 신중함, 그리고 용기'를 갖춘 동인도회사의 관리가 필요했다.

1652년 9월 7일, 중국인 정착민들이 프로빈시엔[8] 지역을 습격해 우리 측 여덟 명을 살해하는 사건이 발생했다. 이에 대응하여 동인도회사는 군대와 현지 주민들을 파견하여 약 12일간의 진압 작전 끝에 수천 명의 중국인들을 진압하고 질서를 회복하였다. 바타비아 정부는 이러한 반란을 교훈 삼아, 중국인들에게 지금까지 제공되었던 과도한 자유를 제한할 필요가 있으며, 본국에서도 누리지 못했던 특권을 축소해야 한다고 판단하였다.

한편, "성직자들과 행정 분야에서 주요 직책을 맡고 있던 관리들" 사이에서 발생한 갈등은 내부 분열과 파벌 형성을 야기했다. 이러한 문제를 해결하기 위해 인사 이동을 고려할 수 있었으나, 회사 업무 구조상 이를 실행하는 것은 불가능했다. 따라서 행정관들과 성직자들 사이의 불화를 억제하고, 회사의 이익을 지키기 위해서는 "평범

한 권한을 넘어서는 지도력"을 가진 인물에게 통치권을 맡기는 것이 필요했다.

한편, 바타비아 정부는 여러 경로를 통해 "위대한 만다린 정지룡(一官, 일관 Equan)의 아들[9]", 즉 정성공(鄭成功, 콕싱가 Koksinga)이 위험한 계획을 세우고 있다는 경고를 받았다. 그는 만약 중국 본토에서 점점 세력을 확장하는 만주족(청나라)과의 전쟁에서 패배한다면, 네덜란드가 장악한 포르모사를 점령하고 그곳에 자신의 세력을 구축할 계획이라는 것이었다.[10]

결국 몇 년 후, 이러한 우려는 현실이 되었다. 1652년의 반란 당시 포르모사를 뒤덮었던 먹구름은 결코 사라지지 않았다. 결국 1662년에 정성공은 포르모사에서 우리의 지배권을 완전히 가져갔고, 그 섬을 영구적으로 점령하는 데 성공했다.

1653년 3월 21일 바타비아 정부 회의에서 만장일치로 포르모사의 중요한 직책에 카럴 하르트징(Carel Hartsingh)을 임명하기로 결정하였다. 그는 이전에도 타이요안 지역에서 오랜 기간 거주한 경험이 있었다. 하르트징은 임명을 수락하고 출발 준비를 마쳤으나, 1653년 5월 18일, 당시 총독 카럴 레니에르스(Carel Reniersz)가 갑자기 사망하자, 그는 포르모사로 가기보다는 바타비아에 남아 새 총독 마트사위커 (Joan Maetsuijker) 아래에서 동인도 총괄이사(Directeur Generaal)로 활동하는 것을 선택하였다.

이에 따라 동인도 평의회 특별 의원 코르넬리스 케사르(Cornelis Caesar)를 '타이요안 총독직에 임명하고 채용하기로' 결정했으며, 그

에게 '마지막 파견으로 총독으로서 부임할 것'을 지시했다.[11]

1653년 6월 16일, 새 총독 요안 마트사위커는 출발을 앞둔 총독 코르넬리스 케사르를 위해 '송별 연회'를 열었다. 6월 18일, 케사르와 그의 가족은 바타비아 항구에서 배를 타고 출발했다. 이동 수단으로 준비된 배는 '스페르베르(Sperwer)'라는 이름의 선박이었다. 원래 이 배는 '첫 번째 수송대'의 일부로 포르모사로 향할 예정이었으나, 네덜란드 본국에서 도착할 예정이었던 군인들을 태우기 위해 출항을 연기하였다. 그러나 군인들이 도착하지 않았고, '이미 계절풍(몬순)이 시작되었기 때문에', 결국 다른 방법으로 군 병력을 조달하기로 하고 스페르베르 호를 '출항시키기로' 결정하였다.

스페르베르 호는 동인도회사 고위 관리의 이동에 매우 적합한 배였던 것으로 보인다. 실제로, 2년 전 요안 쿠네우스(Joan Cunaeus) 경이 페르시아 국왕에게 특사로 파견되었을 때도 이 배를 이용한 바 있었다.

출항이 다소 늦었음에도 불구하고, 스페르베르 호는 순조로운 항해 끝에 1653년 7월 16일 타이요안에 도착했다. 이는 같은 시기에 바타비아에서 출발해 타이요안으로 직항한 '스민트(Smient) 호'에 비해 훨씬 운이 좋았다. 스민트 호는 5월 27일에 출항했으나, 이후 행방이 묘연해졌으며, 다시는 소식을 들을 수 없었다.

스페르베르 호는 타이요안에 오래 머물지 않았다. 화물을 하역하고 일본으로 운송할 새로운 화물을 실은 후, 1653년 7월 29일, 선장 레이니어 에그베르츠(Reijnier Egberts)는 나가사키를 향해 출항했다. 하지만 이 배는 목적지에 도착하지 않았고, 그 이후로도 배의 행방에 대한 어떤 소식이나 소문도 전해지지 않았다. 결국 배가 출항 직후 발생한 폭풍 속에서 침몰했을 가능성이 높다는 결론이 내려졌다. 이에 따라 회사는 화물과 이 견고한 배를 잃은 손실을 기록해야 했고, 선원 64명의 "귀중한 목숨"은 전원 사망한 것으로 간주되었다.

이 사건을 계기로 네덜란드 본국의 동인도회사 17인 위원회(Heeren XVII)는 동인도 정부에 '계절풍을 잘 관찰하고, 배를 너무 늦게 출항시키지 말라'고 권고했다. '늦은 출항은 큰 재난을 초래할 수 있다'는 것이 그들의 우려였다. 하지만 당시 무역은 현실적인 이유 때문에 이러한 규정을 엄격히 지킬 수는 없었다. 또한, 당시 선원들은 워낙 바다에서의 다양한 위험에 익숙했기에 출항 시점이 적절한지에 대해서는 크게 걱정하지 않았다.

스페르베르 호의 손실은 동인도 회사에 큰 타격이었지만[12], 바타비아 정부와 본국의 지도자들은 이에 크게 개의치 않았다. 17세기 일본과의 무역에서 얻은 수익은 상당히 컸기 때문에, 동인도회사의 주주들은 여전히 만족할 만큼 이익을 얻고 있었다.[13]

일본에 있던 동인도회사 직원들은 일본에서 회사의 이익을 대변하며 활동했지만, 스페르베르 호의 침몰 소식에 대해서 거의 알 수 없었다. 따라서 1666년 9월 초 기괴한 복장을 한 유럽인들이 낯선 배를 타고 고토(Goto) 제도 중 한 곳에 도착했다는 소문이 나가사키의 네덜란드 공동체를 술렁이게 만들었을 때도 스페르베르 호의 침몰과 관련이 있을 거라고 전혀 생각하지 못했을 것이다. 그로부터 며칠 뒤인 1666년 9월 14일, 이 소문은 사실로 확인되었고, 스페르베르 호의 난파 생존자 8명은 나가사키의 네덜란드 상관으로 이송되어 왔다.

데지마(Decima)섬[14]에서 거의 갇혀 지내다시피 했던[15] 네덜란드인들에게 이는 엄청난 사건이었으며, 단조로운 일상에 흥미로운 변화가 아닐 수 없었다. 이 난파 생존자들이 들려준 이야기는 듣는 이들의 상상력을 자극하며 흥미진진한 시간을 선사했을 것이다. 그들은 당시까지 유럽인이 한 번도 발을 들여놓지 못했던 곳으로 알려진 동양의 한 나라에서 13년 동안 거의 자유롭게 생활하며 그 나라 사람들과 지냈던 이야기를 들려주었다. 그들의 이야기는 처음 좌초된 섬에서부터, 이후 조선 본토에서 보낸 세월에 이르기까지 듣는 이들에게 커다란 흥미와 긴장감을 불러일으켰을 것이다. 이들의 이야기를 들은 사람들은 많은 궁금증을 가졌을 것이고, 기록으로 남은 이야기에서도 일부 질문들은 여전히 답을 얻지 못하고 있다. 이들이 겪은 역경과 모험 가득한 탈출 이야기, 그리고 특히 그들보다 25년이나 먼저 조선에 표류했던 네덜란드인 얀 얀스 벨테브레이(Jan Janse Weltevree)와의 만남은 무엇보다 깊은 인상을 남겼을 것이다.

또한, 난파 생존자들 역시 데지마에 있던 동포들이 들려준 이야기, 즉 스페르베르 호가 바타비아에서 출항한 이후 본국과 동인도에서 어떤 일이 있었는지를 귀기울여 들었을 것이다. 이들의 도착은 나가사키의 일지(Dagregister)와 바타비아 정부에 보낸 공식 보고서에도 기록되어 있는데, 이를 통해 난파자들의 처지가 동포들과 일본 당국 모두에 동정을 불러일으켰음을 알 수 있다. 따라서 데지마에서의 이들의 생활은 가능한 한 편안했을 것으로 보인다. 하지만 그들에게 있어 데지마는 바타비아와 본국으로 돌아가는 여정의 첫 단계이자 사람들의 환영을 받은 중간 기착지였을 뿐이다. 그들은 하루빨리 바타비아행 배에 탑승하기를 간절히 기대하며 출항일을 손꼽아기다렸지만, 일본의 "엄격한 절차[16]"는 그들의 기대를 좌절시켰다.

난파 생존자들은 나가사키의 네덜란드 상관으로 들어가기 전에 일본 당국의 심문을 받았으며, 이 심문 기록은 일본 정부(에도)로 보내져 출국 허가를 얻는 데 사용되었다. 이 관료적 절차로 인해 그들은 데지마에서 1년을 더 머물러야 했다. 1666년 10월 23일 바타비아로 떠나는 "에스페랑스(Espérance)"호를 타고 그곳을 떠날 수 있기를 기대했던 그들은 결국 출국 허가가 나오지 않아 실망 속에서 배를 떠나 보냈다. 동인도회사의 책임자가 구두와 서면으로 지속적으로 요청했음에도, 그들의 출국 허가는 1년 뒤인 1667년 10월 22일에야 발급되었다. 그들은 즉시 준비된 "스프레이우(Spreeuw)"호에 탑승해 1667년 11월 28일 마침내 바타비아에 도착했다.

이후, 동인도에 남았던 회계 담당자 헨드릭 하멜(Hendrik Hamel)을 제외하고, 난파 생존자 7명이 바타비아에서 '스프레이우(Spreeuw)'호를 타고 본국으로 항해를 이어간 것이 거의 확실하다. 그들은 1668년 7월 20일 네덜란드에 도착했다고 알려져 있다. 그러나 17인 위원회(Heeren XVII)가 바타비아 정부에 보낸 보고서에 따르면, "아메롱언(Amerongen)"호만이 1667년 12월 24일 바타비아를 출항해 1668년 7

월 20일 '무사히 도착'했다고 한다. "아메롱언" 호의 승무원 명부에는 73명의 유급 선원 및 '급료를 받지 않는 인원'의 이름이 기록되어 있으나, 여기에 난파 생존자 7명은 포함되지 않았다. 반면, 다른 자료에는 '스프레이우' 호가 1668년 7월 20일 네덜란드에 도착했다고 언급되어 있는데, 17인 위원회의 기록에 따르면, 이 배가 그 달 15일에 도착했다고 한다. 이러한 차이는 스프레이우 호가 7월 15일 텍셀(Texel) 또는 블리(Vlie)에 닻을 내리고, 최종적으로 7월 20일에 암스테르담 항구에 도착한 것으로 해석할 수 있다.

난파 생존자들이 이번에는 승객으로서 여행했을 것이라고 생각한다면 그것은 동인도회사의 관대함을 과대평가하는 것이다. 일본에서 암스테르담에 이르는 항해 동안 그들은 선원으로서 선상 업무를 수행했을 것이며, 이에 대해 급여도 지급받았다.

일본의 주재 상관장인 빌럼 볼허(Willem Volger)가 1666년 말 바타비아에 도착한 후 스페르베르 호의 생존자들을 위해 바타비아 정부에 연민을 호소했으나, 아무 소용이 없었다. 동인도 회사의 규정에 따르면, 회사 소속의 배가 손실되면 그 순간부터 선원의 급료 지급이 중단되며, 다시 근무를 시작한 시점부터 급료가 재개된다. 이 규정에 따라 헨드릭 하멜과 그의 동료 7명은 1667년 12월 2일 동인도 평의회에 출석해 조선에 체류한 기간 동안의 급여 지급을 요청했으나, 이 요청은 받아들여지지 않았다. 급여는 그들이 나가사키 상관에 도착한 날부터 계산되었으며, 일부는 귀국 여정을 위해 이전 급여에서 약간 인상된 금액을 지급받았을 뿐, 바타비아 정부의 관대함은 거기까지였다.

본국에 도착한 후, 그들은 조선에 체류했던 기간 동안의 급여를 다시 청구했지만, 17인 위원회(Heeren XVII)로부터 이를 승인받는 데 실패했다. 다만 '동정심에서' 총 1530 플로린(f 1530)의 '위로금(gratuiteyt)'이 그들에게 분배되었을 뿐이다.

조선에서 탈출한 난파 생존자들은 스페르베르 호의 선원 8명을 그곳에 남겨두고 떠났었다. 이들을 구출하기 위해 나가사키의 동인도회사 상관장 빌럼 볼허와 그의 후임 다니엘 식스(Daniel Six)가 일본 정부의 도움을 요청하였다. 일본이 쓰시마 섬 영주를 통해 조선과의 교류를 유지하고 있었기에 이러한 '의로운 임무(pieus officie) [17]' 수행이 가능했다. 또한 일본 정부는 조선 사절단이 에도 궁정에 방문한 기회를 활용하여 남은 억류자들의 석방을 요구했을 가능성이 높다.

결과적으로, 남아 있던 생존자들은 일본 정부의 중재 덕분에 조선을 벗어나 자유를 얻을 수 있었다. 쓰시마 섬 영주의 도움으로 나가사키로 향하는 여정을 시작했다. 1668년 9월 16일, 이들 중 7명은 험난한 항해 끝에 나가사키에 도착했다. 반면 여덟 번째 생존자인 요리사 얀 클라스 반 도르트(Jan Claesz. van Dort)는 동료들이 탈출한 지 2년 후에 사망했다고 공식 문서에 기록되어 있다. 그러나, 니콜라스 비첸(Nicolaas Witsen)은 그가 조선에 남기를 선택한 것이라며, '그는 그곳에서 결혼했으며, 그에게는 크리스천이나 네덜란드인으로 보이는 것은 아무것도 남아있지 않은 듯 보였다'고 주장했다. [18]

일본 정부의 영향력은 이후 몇 년간 지속된 듯 보였다. 이는 폴레롱(Pouleron) 호가 폭풍으로 인해 제주도에 정박해야 했을 때도 방해 받지 않았으며, 바타비아에서 떠난 정크선이 난파했을 때 중국인 선원들이 붙잡히지 않았던 사례에서도 확인된다.[19]

해방된 이 7명의 네덜란드인들은 이전 생존자들과 마찬가지로 나가사키의 일본 당국으로부터 조선에 대한 질문과 조선에서 행해지는 일본인들의 무역에 대한 심문을 받은 후, 일본을 떠나도 된다는 허가를 얻었다. 이들은 뉴포르트(Nieuwpoort) 호에 승선하여 1668년 10월 27일 나가사키에서 출항하고 코로만델(Coromandel)을 거쳐 바타비아로 향할 예정이었다. 그러나 같은 시기에 출항한 바위턴스케르크(Buijenskerke)호가 나가사키에서 바타비아로 직항하게 되면서 이들이 '풀루 티몬(Poeloe Timon)'에서 바위턴스케르크 호로 배를 갈아타려던 계획은 의도치 않게 변경되었다. 바위턴스케르크 호는 바타비아로 직항해 1668년 11월 30일에 도착했지만, 뉴포르트 호를 타고 항해한 이들은 1669년 4월 8일에야 바타비아에 도착하게 되었다.

두 번째 그룹의 난파 생존자들이 언제, 어떤 배를 이용해 본국으로의 항해를 시작했는지는 기록에 남아 있지 않다. 다만, 바타비아에 남아 있었던 회계 담당자 헨드릭 하멜이 이들에 합류했을 가능성이 크다. 실제로 1670년 8월, 하멜과 함께 두 명의 생존자가 동인도회사의 17인 위원회 앞에 나타나, 1668년에 돌아온 동료들처럼 조선에서의 억류 기간 동안의 급여, 또는 합리적 급료 지급을 요청했다. 하지만 결과적으로 1669년 다른 생존자들에게 적용된 것과 동일한 처우를 받는 데 그쳤다. 그들에게는 급여 대신 현금 보상이 지급되었으며, 이로써 그들의 요청은 마무리되었다.

이 두 번째 그룹의 석방은 앞선 생존자들의 석방만큼 큰 주목받지는 못했다. 심지어 이들은 거의 잊혔기 때문에, 조선에 관한 저서를 집필한 한 작가는 이들의 운명에 대해 알려진 바가 전혀 없다고 잘못 주장하기도 했다.

한국의 곳곳에서 금발에 푸른 눈을 가진 현지인들이 발견되곤 하는데, 이들은 스페르베르 호의 난파 생존자들의 후손일 가능성이 있다는 추측이 제기되기도 한다. 단, 다른 백인 항해자들도 조선에 표류해 현지 여성들과 관계를 맺었을 가능성을 배제할 경우에 말이다.[20] 이러한 금발의 한국인의 뿌리는 이 나라 사람들에게 여전히 미스터리로 남아 있다.

하멜과 그의 동료들은 그곳에 체류했던 흔적을 어디에도 남기지 않았다. 현대 한국인들은 이에 대해 서양인들에게서 처음 듣게 되었다.

귀국 후 긴 시간이 흐른 뒤에 스페르베르 호 생존자들 중 두 명이 동인도 회사의 한 고위 관리에게 구체적인 구술 정보를 제공한 사례가 있었다. 그러나 이들을 제외한 나머지는 대부분은 역사에 흔적을 남기지 않았다.

반면 그들 중 한 명인 헨드릭 하멜은 매우 유명해져서 국내외에 널리 알려졌다. 호르쿰 출신의 그는 스페르베르 호의 회계 담당자이자 서기로서, 데지마에서의 강제 체류 기간 동안 자신의 경험과 동료들의 이야기를 기록하고, 조선의 문화와 사람들에 대해 기억나는 내용을 담은 보고서를 작성했다.

　1667년 12월 2일, 헨드릭 하멜과 7명의 동료들은 바타비아에서 '동인도 평의회에 출석하는' 영예를 누렸다. 또한, 같은 해 12월 11일, 바타비아의 일지(Dagregister)에는 하멜이 자신의 일지(Journaal)를 '그분들께(Haer Ede)' 제출했다고 기록되어 있다. 해당 날짜에 동인도 평의회(Raad van Indië)가 실제로 열리지는 않았으나, 총독이 조선에서의 체류와 관련된 자세한 사항을 그에게 직접 듣기를 원했거나, 조선과의 무역 가능성에 대한 그의 의견을 듣고자 하멜을 다시 성으로 소환했을 가능성이 있다. 바타비아 일지(Dagregister)에 따르면, 하멜의 기록은 '같은 해 일본에서 스프레이우 호를 통해 받은 문서들' 중 하나로, 총무국(Generale Secretarije)에 보관되었고, 총독과 평의회에 이를 제출하기 위해 하멜에게 전달된 것으로 보인다. 하멜이 자신이 쓴 일지를 실제로 12월 2일 평의회에서 제출했을 가능성도 배제할 수 없다. 다만, 해당 일지의 기록자이자 총무국의 수석 서기인 캄프하위스(Camphuijs)가 이를 12월 11일에 기록했을 수도 있다. 이는 당시 관행으로, 기록이 실제 사건보다 늦게 작성되는 경우가 종종 있었기 때문이다.

　하멜 일지(Journaal)의 두 번째 사본은 그의 동료들, 즉 1668년 7월 20일 본국에 먼저 도착한 생존자들에 의해 동인도회사 17인 위원회에 제출된 것으로 보인다. 이후 이 텍스트는 출판사에 넘어갔다. 하멜의 이야기가 독자들에게 큰 호응을 받을 것이라는 출판사들의 예상은 정확히 맞아떨어졌다. 네덜란드에서 총 6개의 다른 판본이 출판되었고, 1668년 한 해 동안 이미 3개 이상의 판본이 출간되었다는 사실에서 이를 확인할 수 있다. 또한, 이 일지는 곧 외국에서도 번역되어 단행본으로 출간되거나, 여행기 모음집에 포함되었다. 이후 하멜의 기록은 서양이 조선과 조선의 국민들, 그리고 그곳의 제도에 관해 기술한 유일한 정보 자료로서 환영 받으며 오랫동안 귀하게 활용되었다.

이 자료를 활용한 첫 번째 작가는 몬타누스(Montanus)로, 그는 일본 황제를 방문한 동인도회사 사절단에 관한 책을 1669년에 출판했다. 이 책의 마지막 부분에서 그는 스페르베르 호의 난파와 생존자들의 모험에 대해 몇 페이지를 할애했다. 하지만 작가는 이 내용의 출처를 밝히지 않았고, 헨드릭 하멜을 언급하면서도 그가 일지를 작성했다는 사실은 언급하지 않았다. 그렇지만 몬타누스가 어떤 형태로든 하멜의 일지를 참조했음은 분명하다.

동인도 회사의 행정책임자였던 니콜라스 비첸(Nicolaas Witsen) 또한 그의 저서 '북부와 동부 타타르(Noord en Oost Tartarye)'에서 하멜 일지를 통해 알려지거나 확인된 조선에 관한 정보를 활용했다. 1692년에 완성되었으나 판매되지 않은 초판에서, 그는 단 한 차례 '조선에서 포로 생활을 했던 네덜란드인들'을 언급하며, 그들이 제주도(Quelpaerts)와 조선 본토에서 겪은 난파와 포로 생활에 대해 알고 있음을 보여주었다. 게다가, 비첸은 다른 곳에서는 찾아볼 수 없는 몇 가지 독특한 세부 사항을 제공하는데, 이는 그가 구출된 생존자들과 직접 접촉했을 것임을 짐작하게 한다. 하지만 작가는 그들에 대해 구체적으로 다루지 않았고, 그들의 이름이나 하멜 일지에 대해서도 전혀 언급하지 않았다.

1705년에 출판된 개정판에서는 비첸의 한국 관련 기록이 훨씬 더 상세해졌다. 이번에도 그는 하멜의 '한국에서 포로로 지냈던 네덜란드인의 여행기'(그의 책에서 유일하게 하멜의 글을 언급한 부분이 이렇게 표현됨)에서 가져온 정보에만 국한하지 않았다. 그는 두 명의 생존자를 정보 출처로 명시했는데, 하급 선의인 마테우스 에이보켄(Matthaeus Eibokken)과 로테르담 출신의 선원 베네딕투스 클레르크(Benedictus Klerk)를 여러 차례 명시적으로 인용했다. 특히 에이보켄의 구술 증언은 비첸이 매우 가치 있게 여겼던 중요한 자료다.

비첸이 하멜의 이름을 언급하지 않았음에도 불구하고, 그가 하멜 일지를 알고 참조했다는 점은 그의 책에 나타난 조선 관련 내용과 더불어 그가 저지른 실수에서 명백히 드러난다. 초판에서 그는 중국인이 '풍마(Fungma)'라고 부르는 섬의 위치를 설명하며 '지금의 무서(Moese) 또는 켈파르트(Quelpaerts) 섬'이라는 주석을 달았다. 다른 곳에서는 '켈파르트 섬, 현지 주민들이 '무서(Moese)'라고 부른다'고 썼다. 개정판에서도 그는 현지 주민들이 이 섬을 '무서'라고 부른다는 내용을 반복했다.

이제 이 내용을 하멜 일지와 비교해 보자. 하멜은 '정오에 '목관(Moggan)'이라는 도시에 도착했다. 이곳은 섬의 총독(Gouverneur)이 거주하는 곳으로, 주민들이 이 섬을 '목소(Mocxo)'라고 부른다'고 기록했다. 그러나 하멜 일지를 낸 출판사들은 이를 '주민들이 이 섬을

'무서(Moese)'라고 부른다'고 잘못 옮겼다. 이로 인해 비첸이 하멜의 인쇄된 일지를 참조했으며, 그가 총독의 직함을 나타내는 조선어 단어인 '목사'를 그 섬의 이름을 지칭하는 것으로 잘못 이해했다는 것을 알 수 있다.

비첸은 하멜과 그의 정보 전달자들이 제공한 내용을 독특한 방식으로 가공하고 혼합했다. 이로 인해 때로는 "그 나라의 마을은 셀 수 없이 많고, 누군가의 머리카락을 잡는 행위는 매우 부정하고 경멸받는 행위이다.[21]"와 같은 기이한 조합을 만들어냈다.

하멜 일지의 출판사들이 그의 텍스트를 충실히 따르지 않았다는 사실은 그다지 놀라운 일이 아니다. 출판사들은 자신들의 책자가 겨냥하는 독자층의 취향을 고려했을 것이며, 그에 따라 적절하다고 생각하는 수정을 가했을 것이다. 예를 들어, 한 출판사는 원문을 두 개의 독립된 부분으로 나누었다. 하나는 난파 생존자들이 겪은 사건들을 다룬 이야기이고, 다른 하나는 조선에 대한 묘사였다. 어떤 출판사는 조선에 대한 묘사를 완전히 생략하기도 했다. 또 다른 출판업자는 자신이 가지고 있던 삽화를 활용하기 위해서인지, 한국에는 존재하지 않는 코끼리와 악어에 대한 설명을 삽입했고, 삽화가 없는 판본에서는 마타람 왕국(Mataram Sultanate)의 궁정 연회에 대한 묘사로 이를 대신했다.

이외에도, 인쇄된 텍스트들은 서로 간에도, 그리고 우리가 가진 원문과도 상당히 다르게 나타나며, 때로는 중요한 부분에서도 차이를 보인다.

하멜 일지는 1670년에 프랑스어로 번역되었고, 2년 후에는 독일어로 번역되었다. 이후 수십 년이 지나 프랑스어 번역본은 영어로 번역되었다. 이러한 번역물과 각색본에는 원본 출판사들의 오류가 그대로 발견되며, 여기에 번역자들의 실수나 부정확한 해석이 추가되기도 했다. 이렇게 만들어진 오류들은 번역본을 사용해야 했던 외국 작가들에 의해 확산되고, 때로는 더욱 심화되었다. 결과적으로, 하멜의 작업은 지금까지 제대로 평가받지 못했으며, 그의 일지는 저자가 작성한 그대로 알려지지 못했다고 할 수 있다. 이 공백을 메우는 것이 필요한 일인 듯 보인다.

벨터프레이던(Weltevreden)의 국립문서보관소에는 하멜 일지의 사본이 한 번도 소장된 적이 없었을 수도 있으며, 적어도 현재는 그곳에 존재하지 않는다. 1668년 17인 이사회가 가지고 있던 '구술 기록'이 어디로 갔는지 알 수 없으며, 나가사키 상관에서 보낸 당시의 일지와 서신들을 살펴 보아도 하멜 일지의 존재를 알고 있었다는 흔적은 찾아볼 수 없다. 아마도 하멜 자신이 1670년 조국으로 돌아왔을 때 사본 하나를 가져왔을 수도 있다. 이를 확인하려면 그의 귀국 후 생활에 대한 자료가 필요한데, 이에 대한 조사는 성과를 거두지 못했다.

다행히도 헤이그 국립문서보관소의 식민지 문서 부서(Koloniaal Archief)에는 동인도 정부가 암스테르담 의회에 보낸 문서들 중 하나로 하멜 일지의 사본이 보관되어 있다. 이는 '동인도 각지에서 바타비아로 온 서신 제2부'에 포함되어 있는데, 1668년 제4권에는 바펜

판 호른('t Wapen van Hoorn)호, 알펜(Alphen)호, 홀란츠 타원(Hollants Tuijn)호, 프레이헤이트호(Vrijheijdt)호, 카텐부르흐(Cattenburgh)호, 아메롱겐(Amerongen)호, 바선더 만(Wassende Maan)호, 로스다위넨(Loosduijnen)호, 플라르딩언(Vlaardingen)호를 통해 각각 5월 18일, 7월 13일, 20일, 23일, 25일 텍셀과 블리에 도착한 서신들이 있다. 같은 권에 있는 '1667년 12월 6일부터 23일까지 암스테르담 지부가 받은 서신 등록부'에는 다음과 같이 기록되어 있다.

"일본. 스페르베르 호 조난 생존자들이 1653년 8월 18일부터 1666년 9월 14일까지 조선에서 겪은 일들에 대해 작성한 일지."

이 문서에 해당 일지의 작성자와 제출자가 누구인지 명시되지 않은 것은 놀라운 일이 아니다. 당시에는 탄원서조차도 서명 없이 제출되는 경우가 많았으며, 하멜의 일지와 비슷한 종류의 보고서들도 종종 서명이나 날짜가 생략된 형태로 발견된다. 하멜은 자신의 일지에서 자신을 회계원(bouck houder)'이라고 지칭했을 뿐, 자신이 작성자라는 것을 어디에서도 드러내지 않았다. 개인적인 서술이 아니었으므로 서명할 필요성도 없었을 것이다. 이로 인해 그의 저작권 입증이 어려운 것도 사실이다. 물론 하멜이 동료들의 기억을 참고했을 가능성도 크겠지만, 일지를 작성할 만한 교육 수준을 갖춘 사람은 하멜이 유일했던 것으로 보인다. 또한 우리가 아는 한 지금까지 이 일지가 다른 누군가의 것이라고 주장된 적도 없다.

문서보관소의 이 자료가 바타비아 정부가 암스테르담 의회에 제출하기 위해 작성한 사본에 불과하다 할지라도, 그 출처와 목적지를 고려하면 우리는 이 사본이 매우 신뢰할 만한 자료라고 확신할 수 있다. 발견된 문서가 그렇게 작성된 사본인지, 아니면 1667년 12월 11일 바타비아 일지의 기록과 같이 하멜이 당시 동인도 정부에 제출한 일지의 원본인지는 명확하지 않다. 우리는 후자의 가능성이 더 높다고 본다.

나가사키 상관장의 요청에 따라, 하멜은 일본에 체류하는 동안 상세한 보고서를 작성하는 데 시간을 보냈을 것으로 보이는데, 이는 1666년 10월 18일 나가사키에서 동인도 정부로 보낸 서신에 이미 언급되어 있다. 그는 적어도 두 부의 사본을 그곳 상관의 서기가 필사하도록 했을 것이다. 1667년 회사 선박이 출항하기 전에 스페르베르 호의 난파 생존자들이 출국 허가를 받게 될 것이라고 확신했을 것이며, 하멜은 자신의 일지를 완전히 마무리하고, 마지막 순간에 동일한 서기에게 시켜 '새 총독의 부임 날짜'와 출항 예정일을 기입하도록 했을 것으로 추측한다. (따라서 바타비아에 도착한 날짜만 공란으로 비어 있게 되었다) 이후 이 문서는 나가사키의 상관장에게 제출되어, 다른 문서들과 함께 바타비아 정부로 전달되었을 것이다. 본문 텍스트와는 다른 필체로 쓰인 총독과 동인도 평의회를 위한 서문은 이 상관장이 작성했을 것으로 보인다.

이 일지에서 1667년 아래에 기록된 내용이 하멜이 일본에서 동인도로 향하는 항해 중에 직접 추가한 것이라고 가정한다면, 앞서 언급한 헌정사를 제외하고 처음부터 끝까지 같은 필체로 쓰여진 이 문서가 하멜의 자필 문서라고 설명할 수도 있다. 하지만 저자 자신은 저지르지 않았을 몇몇 오기와 수정의 흔적이 있다는 점에서 이는 개연성이 떨어진다.

만약 하멜이 바타비아에서 제출한 원본이 그곳에 남아 있다가 이후 분실되었고, 우리가 현재 소유하고 있는 기록물이 총무국(Generale Secretarije)에서 암스테르담 의회를 위해 작성한 '사본'이라 가정한다면, 텍스트의 필체가 처음부터 끝까지 동일한 이유는 납득할 만하다. 그러나 바타비아 도착일이 비워져 있는 이유와, 총독 및 평의회에 대한 서문이 텍스트와 다른 필체로 작성된 이유는 여전히 의문으로 남게 된다.

이미 나가사키에서 하멜이 직접 현재의 기록 문서를 검토했을 가능성은 매우 높다고 보인다. 특히, 얀 얀스 벨테브레이(Jan Janse Weltevree)의 두 동료가 사망한 시점과 관련해, 처음에는 '19~20년 전'이라고 기록된 부분이 '17~18년 전'으로 수정된 점이 이를 뒷받침한다. 우리가 확인한 하멜 일지의 인쇄본에서도 이 수정이 동일하게 나타나며, 이는 하멜 자신이 수정했거나 그의 지시에 따라 일지의 여러 사본들에 수정사항이 반영되었을 것으로 보인다. 이것을 단순히 한 필사자의 실수로 보기는 어렵다.

또한 하멜이 바타비아에서 작성된 그의 일지 사본을 검토할 기회가 있었다고 보기도 힘들다. 그럴 경우, 그는 원본뿐만 아니라 바타비아에서 만들어진 사본과 (그의 동료들이 본국으로 가져가 출판한 일지까지) 동일한 방식으로 수정했을 것이다. 만약 그랬다면, 왜 바타비아 도착 날짜를 기입하지 않았겠는가? 어쨌든, 하멜의 개입 덕분에 우리가 가진 사료는 원본과 동일한 가치를 지니게 되었음을 의미한다.

우리는 바타비아 정부가 일본에서 받은 문서를 암스테르담 의회로 직접 전달했을 것이라 생각하며, 따라서 하멜이 처음으로 작성하고 제출한 그대로의 일지가 지금 여기에 인쇄되었다고 판단한다. 따라서 하멜의 동료들이 고국으로 가져가 출판한 판본과 비교해 우리 본문에서는 몇몇 단어가 누락되었을 수 있다. 초기 출판본에서 이미 오타는 수정되고, 몇몇 표현들은 명료하게 바뀌었을 가능성이 있기 때문이다. 반면 우리가 알고 있는 어떤 인쇄본에도 하멜과 그의 동료들이 나가사키에 도착했을 때 일본 총독이 심문한 기록은 포함되어 있지 않다.

비록 하멜의 일지가 여러 차례 출판되고 번역되었지만, 일지는 대중적인 인기를 얻지 못했다. 틸레(Tiele)에 따르면, 이는 하멜의 이야기에 잔혹 행위와 관련된 내용이 거의 없었기 때문이다. 당시 독자들의 취향에 비추어 보면, 하멜의 이야기는 너무 무미건조했을 수 있다. 만약 그가 조선인들을 피에 굶주린 야만인으로 묘사하고, 독자들에게 혐오감과 연민, 공포와 동정심을 번갈아 불러일으키는 허구의 이야기들로 일지를 꾸몄다면 더 큰 성공을 거두었을지도 모른다.

하지만 우리가 하멜의 일지에서 매료되는 부분은 오히려 하멜 일행이 동양의 이교도 민족으로부터 대체적으로 좋은 대우를 받았던 것을 숨김없이 기록하고 솔직하게 인정한 부분이다. 또한 유배 생활 동안 경험하고 관찰한 것들을 담백하게 서술한 점, 그리고 그의 이

gaft tot antwoort. myn naim is Jan Jansz wellevern uijt de sijp A:o bel met t schip hollandia uijt Vaderlant gecomen, ende dat sij A:o 1627 metten Jacht ouwerkerck naer Japan gevaren, door contrarie wint goed ende van Teros svallen warts, om water slegen sijnde. met de boot niet vast lant gevarts, van d'Inwoonders met geen diens gevonden sijn, de boot met de vertrouwen maets sijt outcomen was, ende git schip hirstout door grijse dat sijn twee maets over spad Jaren vanden Pastor [door sij t Land tuna vruden oorlogt, warden doot godagen, te werten dick gisvorde uijt de sijp ende Jansontisp plaets van amsterdam met den voornoemden wellevern overijck int land gecomen, vralsgeden sijn midd weer sij woonde, waer van leesde. ende waerom op 't eijland gecomen was, seijde dat gem ontgwi

야기에 담긴 진정성이 돋보이는 점이다.

그가 의도적으로 사실을 왜곡한 흔적은 발견하기 힘들다. 간혹 실제와 다르게 서술한 부분이 발견되더라도, 조사해보면 그것은 단지 부주의함 때문이었음이 드러난다. 예를 들어, 그는 오래전에 조선에 표류한 동료 네덜란드인 얀 얀스 벨테브레이와의 만남에 대해 묘사하며, 벨테브레이가 '1627년, 아우어르케르크(Ouwerkerck) 호를 타고 일본으로 향하다가 역풍으로 조선 해안에 표류했다'고 말한 것으로 기록했다. 하지만 이 배가 그 시기에 그 지역에 있지 않았음은 명백히 확인된다.

그러나 나가사키의 일지에 기록된 바에 따르면, 스페르베르 호의 생존자들은 나가사키에 도착했을 때 벨테브레이가 조선에 표류한 경위에 대해 정확히 설명했다. 따라서 하멜이 일본 당국의 질문서를 기록하면서, 그리고 나중에 벨테브레이의 이야기를 기록하면서 부주의하게 잘못된 정보를 작성했을 가능성이 높다.

틸레(Tiele)의 지적처럼 하멜의 기록이 학문적이지 않다는 점은 쉽게 인정할 수 있다. 하지만 20세의 나이에 동인도로 떠나, 동인도회사에서 몇 년 동안 근무하다가, 이후 13년 동안 교육수준이 높은 동료나 다른 서양인과의 접촉 없이 동양의 한 나라에 완전히 고립된 채 살아온 이 젊은이에게 이보다 더 나은 것을 기대할 수 있을까? 오히려, 하멜이 회계원이 아닌 학자였다면 과연 우리가 이보다 더 가치 있는 것을 얻을 수 있었을까 의문이 생긴다. 그랬다면 하멜은 소위 학술적인 논문을 썼을 것이고, 자신의 경험과 현지 사람들에 대한 이야기를 이처럼 꾸밈없고 담담하게 묘사하지 못했을 것이다. 몬타누스(Montanus)와 비첸(Witsen)의 저작들을 접하고, 그 시대에 만연했던 모방하기(베껴쓰기)의 풍조를 관찰할 기회가 있었다면, 당시 동양에 대해 글을 쓴 네덜란드 학자들의 학문적 수준에 대해 높이 평가하기 어려울 것이다.

하멜은 적어도 독창적이었고, 과장하지 않았으며, 진솔했다. 이러한 점이 그의 서술 방식과 결합되어 독자에게 만족을 주는 이유다. 만약 그가 부정확한 정보를 기록했다면, 이는 어디까지나 고의가 아닌 실수에서 비롯된 것으로 보인다. 물론 우리는 난파 생존자들이 조선에서 어떠한 생활을 했는지 하멜이 보다 자세히 기록해 주기를 바랄 수 있다. 그러나 그가 자신과 동료들에게 범죄로 간주될 수도 있거나 적어도 불리하게 해석될 만한 내용을 일부러 밝히지 않았다고 해서 비난할 수는 없을 것이다.

예를 들어, 그는 난파 생존자들 중 일부가 - 이미 본국에서 결혼한 상태였을 수도 있음에도 불구하고 - 조선에서 현지 여성들과 관계를 맺었으며, 아내와 자녀를 남겨둔 채 귀국했다는 사실을 전혀 언급하지 않았다. 이는 일곱 명의 일차 귀국자들이 본국에 도착한 즉시 왜 조선과의 무역 개척을 위한 원정 항해에 참여하려 했는지를 설명해 줄 수도 있다.

또한 그들이 유배 생활 동안 어떻게 생계를 유지했는지에 대한 설명도 부족하다. 하멜의 기록만 보면, 그들이 계속해서 극심한 빈곤에 시달렸다는 인상을 주지만, 그렇다면 어떻게 집과 옷을 마련할 돈을 구했으며, 이후에 하멜과 그의 동료들이 도망칠 때 사용한 배를 비싼 값에 살 수 있었을까? 비첸은 '이 사람들은… 제물로 바쳐진 고기를 주로 먹고 살았으며, 나쁘지 않은 생활을 했다'[22]고 전하지만, (아마도 에이보켄에게서 나온) 이 정보는 하멜의 이야기와 마찬가지로 생계유지와 탈출자금 마련에 관한 충분한 설명을 제공한다고 보기 힘들다.

하멜이 일지를 작성할 때 별도의 메모를 참고했을까?

스페르베르 호가 난파된 이후, 생존자들은 일부 식량과 망원경 몇 개, 그리고 책도 몇 권 건져낼 수 있었다. 이러한 책들 가운데 항해일지도 포함되었을 가능성이 크며, 이 책들은 하멜에게 반환되었을 것이다. 어쩌면 그는 이 항해일지에 자신의 메모를 남겼고, 나가사키로 탈출할 때 이것을 가져갈 수 있었을지도 모른다.

하멜 일지에 대해 호의적인 평가를 하는 사람들은 다음과 같이 지적한다. 하멜이 조선에서 오랜 세월을 보냈기 때문에 우리에게 전달된 것보다 훨씬 더 상세하게 조선과 그 문화에 대해 자료를 수집하고 기록할 수 있었을 것이라고 생각할 수 있겠지만, 그는 자신이 관찰하고 경험한 것들을 다른 사람들에게 전달할 기회가 영영 없을지도 모른다는 두려움 때문에, 애초에 자세한 기록을 남길 의욕을 갖지 못했을 가능성이 있다.[23]

어쩌면 하멜이 나가사키에서 구조를 기다리며 아무 일도 할 수 없었던 그 기간 동안 비로소 스페르베르 호 생존자들의 경험을 기록해야겠다는 생각이 떠올랐을 수도 있다. 이 경우라면 그는 오직 자신의 기억과 동료들의 증언에 의존하여 글을 작성해야 했을 것이다.

어찌 되었든, 하멜의 시대에도 이미 조선에 대한 그의 기술이 당시까지 알려진 정보와 모순되지 않는다는 것을 인정받았다. 후일 그가 제공한 지리적 정보가 정확하다는 것이 밝혀졌고, 검증할 수 있는 내용들이 다른 문헌에서도 확인됨으로써, 우리는 그의 신뢰성에 대한 확신을 더욱 굳히게 되었다. 따라서 그의 다른 서술 또한 신뢰할 만하다고 판단한다.

그러나, 그가 조선의 생활방식이나 나라의 상황에 대해 서술한 내용을 무조건 받아들일 필요는 없다. 당시 중국의 위상과 정치적 영향력은 조선, 시암(태국), 안남(베트남), 류큐(오키나와), 버마(미얀마), 네팔 등의 나라에 강하게 미쳤다. 발달한 중국 문명이 이 나라들로 확산되었으며, 이들 국가의 행정 제도와 사회 구조는 중국의 모델을 따랐고, 중국식 풍습이 자국의 전통적인 생활 방식마저 변화시키거나 대체되는 경우가 많았다.

하멜이 조선에서 체류하던 시기, 중국이 인접 국가들에 미친 이러한 영향은 이미 오랜 세월 동안 지속되어 왔기에, 하멜이 조선의 풍습과 제도를 묘사한 부분에서 중국과의 유사점이 분명히 드러나는 것은 전혀 놀라운 일이 아니다. 과거 중국의 사회적 · 정치적 상황에 대한 풍부한 자료가 존재하기 때문에, 이러한 유사점은 하멜의 기록이 정확하고 신뢰할 만한지 평가하는 중요한 기준이 될 것이다.

하멜이 탈출한 이후, 조선은 쇄국 정책을 계속 유지했고, 이는 기존의 질서를 존중하고, 보수적인 국민성을 보존하는 결과를 가져왔다. 그 덕분에 조선의 사회 구조에는 중요한 변화가 거의 일어나지 않았다.

조선은 19세기 후반(1876년)이 되어서야 외세의 압력에 의해 문호를 개방했다. 이로 인해, 당시의 상황을 하멜이 기록한 조선의 모습과 비교할 수 있게 되었다. 이 비교 결과는 하멜에게 매우 긍정적인 평가를 안겨주었다. 그의 서술은 전혀 시대에 뒤떨어진 것이 아니었으며, 무려 200년이 지난 후에도 조선 사회에 그대로 적용될 수 있었다. 이는 조선 사회의 강한 보수성을 증명하는 동시에, 하멜의 기록이 지닌 신뢰성을 강력하게 뒷받침하는 증거가 되었다.

하멜의 일지는 조선의 지리와 문화, 국민성을 이해하는 데 있어 최초로 신뢰할 만한 자료였으며, 따라서 후대에 조선을 연구한 학자들이 그의 기록을 참고했을 것이라 예상할 수 있다. 그러나 조선에 관한 책을 집필한 두 명의 저명 작가[24]가 하멜의 기록을 전혀 언급하지 않은 점은 의아하다. 더욱이, 그중 한 명은 하멜보다 훨씬 나중에 조선에 들어온 가톨릭 선교사들을 두고[25], '조선의 제도와 관습을 직접 익힌 최초의 유럽인[26]'이라는 공을 돌린 것은 이상한 일이다.

　중국, 타타르, 일본과 같은 이웃 나라와 접촉하면서, 조선의 자주성은 치명타를 입었다. 그 결과, 1369년부터 조선은 중국과 사대(事大) 관계를 맺어 조공을 바쳤고, 1592년에는 일본인들이 조선의 동해안에 위치한 항구도시 부산(서양에서는 일본식 발음인 '푸산(Foesan)'으로 알려짐)에 거점을 마련했다.

　1619년, 조선은 중국의 봉신국으로서 타타르(만주족)와 전쟁을 하게 되었는데, 이 과정에서 훗날 중국을 정복하게 되는 만주족이 군사적으로도 자신들보다 강하다는 것을 경험하였다. 결국, 1627년 조선 국왕은 이 적들과 조약을 맺을 수밖에 없었으나, 이를 제대로 이행하지 않았다. 이에 1637년 만주족(청) 군대가 다시 조선을 침략하여 승리를 거두었다. 이 과정에서 얀 얀스 벨테브레이(Jan Janse Weltevree)의 두 동료가 목숨을 잃었다. 조선 국왕은 만주족에 굴복하여 평화협정을 맺을 수 밖에 없었고, 조선은 그 조건이 상대적으로 관대했음을 인정하며 이를 기념하는 비석(삼전도비)을 세웠다. 이로써 조선은 중국(명) 황제 대신 만주족(청) 통치자를 섬기게 되었다.[27]

　조선은 에도 막부(쇼군)의 요구에 따라 일본에 정기적으로 외교 사절을 파견했다. 이러한 조선의 대일 외교 사절에 대한 기록은 1617년부터 확인되며[28], 일본에 주재한 네덜란드 동인도회사 대표들도 여러 차례 이에 대해 보고한 바 있다[29]. 그러나 하멜과 그의 동료들은 조선이 일본에 정기적으로 사절단을 파견했다는 사실을 알지 못했던 것 같다. 이는 그들이 조선에 억류되어 있었던 당시에도 이러한 외교 관계가 지속되었음에도 불구하고[30], 이에 대한 정보를 접하지 못했기 때문으로 보인다.

하멜과 그의 동료들은 부산에 일본 상관이 존재한다는 사실을 알고 있었다. 그러나 하멜의 보고서에는 일본인들과의 (사실 그들에게 금지되어 있었던) 어떠한 접촉에 대해서도 언급되어 있지 않다. 조선 정부는 외국인과의 교류를 철저히 차단하였으며, 난파 생존자들은 나가사키에 있는 네덜란드인 동포들에게 연락조차 취할 수 없었다.

조선이 외국과의 접촉을 극도로 회피한 이유는 이웃 국가들로부터 겪은 경험에서 기인한다. 포르투갈인들이 등장하고, 그들이 기독교로 개종을 시도하면서 심각한 혼란을 초래한 일본의 전례를 통해, 조선은 서양인을 받아들이는 것이 그들 나라에 어떠한 영향을 미칠지 분명히 인식하고 있었을 것이다.

조선에 몰래 들어온 외국인은 신분이 발각되거나 밀고를 당하면 고문을 받고 처형당했다. 난파 선원들은 보다 유한 대우를 받았지만, 여전히 조선 내에 억류되어 있어야 했다. 가톨릭 선교사들은 그들의 신앙을 전파하려다 목숨을 잃은 경우가 많았고, 스페르베르 호선원 몇몇은 난파자들이 나라를 탈출하려다 실패하면 어떤 대가를 치르게 되는지를 몸소 겪은 바 있다.

조선의 대외 무역은 제한적이었다. 중국과의 무역은 북쪽 국경

지대의 특정 교역소에서만 이루어졌고, 일본과의 무역은 부산의 일본 상관에서만 가능했다. 쓰시마 섬의 영주(다이묘)가 이 무역 독점권의 이익을 취했으며, 그의 수비대가 그곳에 주둔해 있었다.

네덜란드와 영국은 조선과의 무역을 개척하거나 적어도 일부 교역에 참여하려고 여러 차례 시도했으나 번번이 실패했다.

포르투갈인들은 다른 유럽 국가들보다 훨씬 먼저 선박을 이용해 동아시아 해역을 탐험하며, 현지 국가들과 교역을 맺었다. 16세기 초반(1542년)부터 일본을 방문한 포르투갈 상인들은 자연스럽게 이웃 국가인 조선에 대한 정보를 접했을 가능성이 높다.

네덜란드인 반 린스호텐이 저술한 『여행기(Reisgeschrift)』(1595)에는 포르투갈 선원들과 선교사들로부터 얻은 조선 관련 정보가 포함되어 있는데[31], 네덜란드 상인과 선주(船主)들이 조선이라는 나라에 대해 알게 된 최초의 기록으로 보인다.

1609년 9월 20일, 일본 히라도(Firando) 항에 정박해 있던 로덴 리우(Rooden Leeuw met Pijlen)호에서 열린 정책 회의(Breede Raden)의 결정에 따라, 자크 스펙스(Jacques Specx)가 네덜란드 동인도 회사(VOC)의 일본 총책임자(상관장) 및 최고 상인으로 임명되었다.

그는 곧바로 1610년 3월, 조선과 무역을 시도하기 위해 조선으로 보낼 후추와 함께 자신의 부하 중 한 명을 쓰시마 섬으로 파견했다. 그러나 당시 후추는 조선에 인기있는 상품이 아니었을 것이며[32], 주석(tin)이 더 환영받았을 가능성이 높았다. 설령 스펙스가 후추를 팔 수 있었다 하더라도 '그 나라의 엄격한 법률'과 쓰시마 섬 영주의 개인적인 이해관계가 그 무역을 막았을 것이다.

또한, 1610년 12월 18일 네덜란드의 마우리츠 공(Prins Maurits)의 서한에서, 조선과 무역을 하기 위해 '일본의 대권력자이자 왕(에도 막부 쇼군)'에게 호의와 도움을 요청하였으나[33], 이러한 이유로 성과가 없었다.

몇 년 후, 영국의 한 문서에는 네덜란드가 '조선에 대한 작은 진출구(small entrance into Corea)'을 확보했다고 기술했으나[34], 이는 실제로는 아무런 의미를 갖지 못한 사소한 접촉에 불과했다. 영국 경쟁자들도 성공을 거두지 못한 것은 마찬가지다.

네덜란드 동인도회사(VOC) 입장에서는 조선과 같은 나라와의 무역 독점권이 다른 이의 손에 있다는 것은 매우 불만스러웠을 것이며, 이를 바꾸려는 시도를 계속 모색했다. 하지만 "조선 탐사(ontdecken van Corea)" 프로젝트는 처음에는 적합한 선박의 부족으로 지연되었고, 나중에는 국민들의 성향에 대한 정보가 축적되면서 결국 VOC는 이 계획을 포기했을 것이다. 17세기에 포르모사와 일본 사이를 항해했던 선박들의 항해일지가 보존되었다면 이에 대해 더 많은 정보를 얻을 수 있을지도 모른다. 하지만 1622년 '드 혼트(de Hond)'호가 조선 해역에 표류했을 때 보여준 해안경비대의 적대적인 태도와 강경한 대응이 위협적으로 작용했을 것이며[35], 1648년 '드 파시엔시(de Patientie)'호의 선원들도 그곳에서 친절한 대우를 받지 못했다.

이러한 사례들로 인해, VOC는 조선과의 교역을 강행할 경우 불확실성이 너무 크다는 판단 하에 그들의 배를 위험에 노출시키는 것을 포기했을 것이다.

1637년, VOC의 히라도 상관장에게 조선과의 무역 가능성에 대한 질문이 주어졌을 때[36], 그의 대답은 극도로 비관적이었다. 이 때문에 동인도회사의 바타비아 본부에서도 원정 모험을 시도할 마음이 생기지 않았을 것이다. 그가 작성한 '조선의 상황에 대한 보고(gelegentheijt van Corea)'는 일본에 거주하는 조선인들과 일본인들로부터 들은 정보에 근거한 것이었다.[37] 이 문서는 현재 알려진 바로는 VOC 공식 문서 중 가장 오래된 조선 관련 기록으로, 분명히 주목할 가치가 있다.[38]

1639년 VOC는 콰스트(Quast) 사령관에게 '조선을 탐사하라'는 명령을 내렸으나[39], 아무런 성과를 내지 못했다.

스페르베르 호의 첫 난파 생존자 7명이 본국으로 돌아왔을 때, 이들은 조선과의 직접적인 무역 가능성에 대해 매우 긍정적으로 설명했고, 이로 인해 동인도회사 17인 위원회는 바타비아 정부에 이를 검토하도록 요청했다. 그러나 총독과 동인도 평의회는 일 년 전(1667년) 동일한 난파 생존자들이 바타비아에서 제공한 정보에 대해 전혀 다른 인상을 받았다. 그들은 무역을 통해 얻을 수 있는 이익에 대해 전혀 큰 기대를 할 수 없고, 더구나 중국의 통치자들과 일본인들에게도 달갑게 여겨지지 않을 것이며, 따라서 조선과 무역을 추진하는 것은 회사에게 위험한 모험이 될 수 있다고 보았다.

생존자들이 조선으로 다시 항해할 의사를 밝힌 것은 흥미롭다. 본국으로 돌아온 난파 생존자들이 '동방의 부름'을 받은 것일까? 이교도 땅에서 겪었던 고통과 불편함에 대한 기억이 이미 지워졌거나, 조선에 남겨둔 아내와 자녀들에 대한 그리움이 너무 강해서 조선행의 전망을 너무 긍정적으로 판단한 것일까?[40] 일본 주재 대표들의 조언에 따라 바타비아 정부는 이 모험적인 원정을 만류했고, 17인 위원회도 이 견해를 받아들였다. 조선과의 무역은 영구히 포기한 것으로 보인다.[41] 1669년, '코레아(Corea)호'라는 이름의 선박이 제일란트 지부를 위해 건조되었는데[42], 아마도 계획이 실행되었다면, 이 배는 난파 생존자 7명을 싣고 그들이 얼마 전 큰 위험을 무릅쓰고 탈출했던 나라로 자발적으로 항해하게 되었을 지도 모른다.

'켈파르트'라는 명칭의 기원은 무엇일까?

스페르베르 호가 난파했던 곳은 해안에 바위가 많은 섬이다. 이 섬은 7세기 중국인들에게는 탄뤄(Tan Lo)라는 이름으로 알려져 있었고, 명나라(1368-1644) 초기부터는 '치주'(Chi-Chou 또는 Tsee-Tsioe)라는 이름으로, 그리고 17세기 유럽 지도에는 풍마(Fungma)라는 이름으로 표기되었다. 이 지역을 가장 먼저 항해했던 서양인은 포르투갈인들이다. 이들은 이 섬의 주민들에게 좋지 않은 인상을 받았던 것으로 보이며, 그래서 이 섬을 '해적 섬(Ilha de Ladrones)'이라고 불렀다.[43] 그러나 하멜의 일지가 알려진 이후로는 켈파르트 섬(Quelpaerts-eiland)이라는 이름이 널리 쓰이게 되었다.

'켈파르트'라는 이름은 왜, 그리고 언제 생겨났을까? 이 명칭은 스페르베르 호의 난파와는 아무 관련이 없다. 하멜과 그의 일행이 이 섬의 이름을 그렇게 지었을 것이라 추측할 수 있겠지만, 이는 스페르베르 호가 난파되기 5년 전인 1648년에 이미 "켈파르트 섬('t

Eijland 't Quelpaert')"이라는 명칭이 문헌에 등장한다는 사실로 볼 때 명백한 오류이다.[44]

"갈리엇(Galjodt) 선은 이전에 켈파르트라고도 불렸다." 이 기록은 1603년부터 1743년까지의 동인도회사 암스테르담 지부 결의록 색인에 등장하는 것으로[45], 여기에 인용된 두 개의 결의록을 보면 17세기 전반에 네덜란드에서 동인도회사가 운영하던 선박 중 '켈파르트'라고 불리는 종류가 있었음을 알 수 있다. 이 배들은 작은 규모의 정찰선으로, 해상 항해에 적합하고 속도가 빠르며 얕은 물에서도 운항이 가능했다. 켈파르트 섬이 이 배의 이름에서 유래했을 가능성이 높다. 실제로 1648년 이전에 한 척 이상의 동인도회사의 '켈파르트' 선박이 동아시아 해역을 항해했었다.

1639년 12월 8일, 네덜란드 동인도 회사(VOC)의 17인 위원회는 바타비아 정부에 서신을 보내, 그들이 시험적으로 '켈 드 브라크 호(het quel de Brack)'를 보냈으며, '이러한 유형의 Quel' 선박이 VOC의 항로에서 유용한지 평가해 주길 바란다고 했다. 1640년 1월 17일에 출항한 이 배는 함께 항해한 대형 선박들과 마찬가지로 바다를 잘 항해했고, 같은 해 7월 30일 무사히 바타비아에 도착했다. 이 새로운 선박 유형에 대한 동인도 정부의 평가는 긍정적이었다. 타이요안(Taijoan)의 항해용으로 이 '켈파르트'가 매우 적합하다고 여겨져 이런 종류의 선박 2-3척을 더 보내줄 것을 요청했다.

여기서 주목할 만한 점은 암스테르담의 17인 위원회는 그 배를 '켈 드 브락'이라고 했고 동인도 정부는 '갈리엇 켈페르트'라고 했다는 것이다. VOC 문서의 다른 곳에서는 이 같은 배를 '켈파르트', '켈', '갈리엇 브락', 심지어 '갈리엇 켈파르트 드 브락'이라고도 불렀다. 이렇게 다양한 명칭이 사용된 것은, '이러한 종류의 켈'이 동인도에서 더 잘 알려진 갈리엇과 거의 같은 유형의 선박이었고, '브락 호'는 그곳에서 본 첫 배였기 때문에 처음에는 이 배를 일컬어 그 '켈파르트'나 '켈'로 지칭했을 가능성이 있다. 이후 이러한 유형의 배들이 동인도 해역에 더 많이 등장하면서 이름을 구별할 필요가 생겼고, '켈 드 브락('t quel de Brack)', '켈 드 하서빈트('t quel de Hasewindt)', '켈 드 피셔('t quel de Visscher)'와 같이 배 고유 이름을 명시적으로 언급하게 되었다.

'브락 호'가 바타비아 정박지에 닻을 내렸을 당시, 말라카(Malaka) 포위전이 한창 진행 중이었기 때문에 정찰선이 유용한 상황이었다. 그래서 배는 타이요안(대만)으로 가는 대신, 도착 직후 말라카로 보내졌으며, 이후 1640년 동안 두 차례 더 말라카로 항해하였다. 1641년 5월 15일에야 포르모사(대만)로 향했고, 같은 해 6월 21일에 도착했다.

이 켈파르트 배가 바타비아 정부의 원래 계획대로 항해했다면, 곧바로 일본으로 향했을 것이다. 하지만 일본에서 동인도회사는 여러 난관을 직면하고 있었는데, 먼저 히라도에서 나가사키로 상관을 강제 이전해야 했다. 이는 순수한 무역의 관점에서 보면 크게 손해라고 할 수는 없지만[46], VOC는 점점 더 많은 제약을 받았고, 일본이 더 이상 VOC 선박이 가져오는 귀중한 화물을 이전만큼 중요하게 생각하지 않는다는 것을 실감하게 되었다. 이는 회사의 이익이 심각하게 위협받는 것을 의미했고, 일본 통치자들은 심지어 네덜란드가 자발적으로 일본과의 무역을 포기하도록 유도하려는 것처럼 보였다.

이러한 상황을 개선하기 위해, 바타비아 정부는 예전에 자크 스펙스(Jacques Specx)에게 일본 정부가 발급했던 허가서(pas)를 다시 활용하기로 결정했다. [47] 이 문서는 바타비아 총독부(Generale Secretarije)에서 VOC의 공식 문서들과 함께 발견되었다. 바타비아 정부는 이 문서를 타이요안으로 보내고 거기서 '켈파르트'를 이용해 일본으로 보내기로 결정했다. 그러나 1641년 9월 5일 최고상인 라우렌스 피트(Laurens Pith)가 이 공문서를 가지고 타이요안에 도착했을 때, '켈파르트'는 직전에 돛대 일부가 손상된 상태였다. 이로 인해 VOC는 '켈파르트' 대신 '더 사이어'(de Saijer)라는 플루트(fluyt)형 선박을 일본으로 보내기로 결정했으며, 최고상인 코르넬리스 카이저(Cornelis Caesar)가 허가서를 전달하는 임무를 맡게 되었다.

1642년이 되어서야 '켈파르트'가 타이완에서 일본으로 향하게 됐다.

이 항해의 목적은 일본 막부(Regenten)의 호의를 얻어 VOC의 입지를 강화하는 것이었다. 동인도회사는 1624년 페스카도레스(Pescadores)에서 타이요안으로 근거지를 옮긴 후 포르모사 섬 전체의 영유권을 주장했으나, 실질적으로는 자리 잡고 있던 남부 지역과 그 주변부에서만 영향력을 행사하고 있었다.

게다가 1626년에는 스페인이 마닐라와 중국, 마카오, 일본을 잇는 무역로를 지키기 위해 북부 포르모사에 요새를 건설한 것도 막지 못했다. VOC는 이 켈랑(Kelang) [48] 요새가 스페인의 손아귀에 있는 한, VOC가 목표로 하던 중국과의 독점 무역은 실현할 수 없다는 점을 잘 알고 있었다.

일본 측에서도 VOC에 '스페인을 포르모사에서 몰아내라'고 여러 차례 압박했다. 일본 막부는 자국내 로마 가톨릭 신자들을 칼과 불로 박해하고 처형한 바 있었기에, 포르모사 북부지역에서 가톨릭 신부들과 신자들이 일본으로 침투할 가능성을 우려하고 있었다. 따라서 일본은 이 섬에서 스페인 세력이 사라지길 간절히 바랐을 것이다. 이러한 배경에서, 같은 기독교도로서 의심받고 있던 네덜란드가 만약 스페인을 축출한다면, VOC가 일본에 선교사들을 들여보낼 의도가 없다는 확실한 신호로 받아들일 것이라 판단했다.

그러나 VOC가 포르모사에서 스페인을 몰아내려 한 진짜 이유는 섬 북부에 있는 금광 때문이었을 가능성이 크다. 금광을 손에 넣으면 일본의 은 수출 금지로 인한 손실과[49] 포르모사 통치에 들어가는 막대한 비용을 메울 수 있으리라 기대했기 때문이다.[50] 바타비아 정부는 원주민들의 광산 권리를 고려할 의사는 전혀 없었다.[51]

포르모사 북부 점령 작전이 시작되고, 1642년 9월 7일 우리 군이 8월 26일에 켈랑 요새를 점령했다는 반가운 소식이 타이요안에 전해지자, 이 기쁜 소식을 최대한 빨리 일본 정부에 알리기로 했다. 정찰선으로서 '켈 드 브라크(Quel de Bracq)'는 이 임무에 특히 적합했고, '항해 성능이 좋고 숙련된 선원을 갖춘' 배였기에 늦은 시기였음에

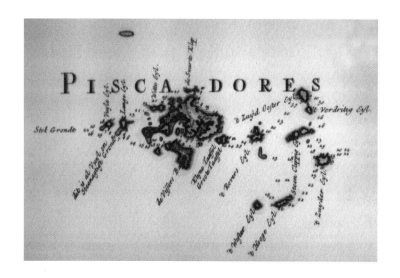

도 불구하고 한 달이라는 비교적 짧은 기간 안에 일본에 도착할 수 있었다. 9월 11일 타이요안을 출항해 10월 12일 나가사키 항에 입항했으며, 같은 달 29일 그곳을 출항하여 11월 7일 무사히 타이요안으로 돌아왔다.

이 항해에 관한 '켈파르트 드 브라크'호의 기록은 비교적 풍부하지만, 일본을 오가는 항해 중에 알려지지 않는 새로운 섬을 발견했거나 미지의 섬에 들렀다는 기록과 같이 이례적인 내용은 어디서도 찾을 수 없었다. 또한 그 근처에서 적대적인 사람들을 만났다는 언급도 없었다.

한편, 일본 일지에는 VOC 선박 '파시엔시(Patientie)'호가 1648년 조선 해안에서 겪은 일만 기록되어 있다. 1642년 이 일지를 작성한 얀판 엘세라크 (Jan van Elseracq) 상관은 무역이나 동인도회사와 일본의 관계에 직접적인 관련이 없는 내용은 기록할 가치가 없다고 여겼을 가능성이 높다. 그래서 일본 나가사키의 총독이 '켈파르트'호의 날렵한 선체나 작은 크기에 특별히 관심을 보였다는 점만 기록되어 있다.

한편 다음과 같은 가능성도 제기할 수 있다. '켈파르트'호가 일본에서 타이요안으로 돌아오는 길에 악천후를 만나 항로를 이탈했으며, 이 과정에서 그때까지 항해서에 언급되지 않았던 섬을 발견하거나 지나쳤을 가능성이다. 이때 선장은 해당 섬을 항해 일지에 기록했을 것이고, 그의 경험은 타이요안과 바타비아 당국에 전달되어 이후 일본으로 향하는 선장들에게 '켈파르트'호가 발견한 섬의 존재가 전해졌을 것이다. 이렇게 해서 이 섬이 점차 '켈파르트 섬'이라는 이름으로 불리게 되었을 가능성이 크다. 이 섬이 켈파르트 섬으로 표시된 가장 오래된 인쇄 출판 지도는 1687년 출간된 요안 블라우(Joan Blaeu)의 지도다.

일반적으로 이 이름이 네덜란드인들에 의해 지어졌다고 여겨지지만, 현재까지 확인된 기록만으로는, 이 명칭이 단지 1642년 '켈파르트 드 브라크'호의 일본 항해와 관련이 있다는 것만 추론할 수 있다. 1642년 이전이나 이후에도 이 '켈파르트'호가 조선 해역을 항해했다는 다른 기록은 발견되지 않았으며, 같은 유형의 다른 두 배인 '하서빈드'호와 '피서'호도 마찬가지다. 남아있는 기록을 보면, 이 두 '켈파르트'호들은 1642년과 1648년 사이 타이요안에 배치되었지만, 이 배들은 마닐라 근처인 남쪽 해역에서 중국 정크선과 스페인의 은 수송선을 추적하는 소규모 함대에만 투입되었을 뿐, 포르모사 북쪽 해역에는 결코 파견되거나 표류한 적이 없다.

켈파르츠 섬이 어떻게 이런 이름을 갖게 됐는지에 대해서는 명확한 답을 하기 어렵다. 이것은 우리가 당시 직접적인 기록에서 답을 찾을 수 없 수수께끼 중 하나이다. 어쩌면 언젠가 우연한 발견을 통해 해결될 수도 있지만, 지금까지 남아 있는 문서에서는 그 답을 찾기 힘들 것 같다.

한 가지 가능성은, '켈파르트'라는 유형의 이름이 '갈리옷(galjot)'처럼 포르투갈어에서 유래했을 수도 있다는 점이다. 혹시 이런 유형의 포르투갈 선박이 마카오에서 일본으로 가는 항해 중에 사고를 당했고, 이후 포르투갈 선원들이 ('해적 섬(Ladrones de Ladrones)'이라고 부르는 섬들이 동양에 많았기 때문에) 조선의 '해적 섬'을 더 정확하게 구분하기 위해 선박 유형에서 이름을 가져와 '켈파르츠 섬'으로 부르게 된 것은 아닐까? '켈파르드'라는 단어도 포르투갈어에서 왔을 가능성이 있다. '레오'(leo, 사자)와 '파르두스'(pardus, 표범)가 합쳐져서 '롸이파르드'(luipaard, 표범)가 된 것처럼, '켈파르드'도 기니 해안에서 발견되는 표범의 한 종류인 '켈리(quelly)'나 '켈(quel)'과 '파르두스(pardus)'가 합쳐진 '켈파르두스(quelpardus)'에서 유래했을 가능성이 있다.

이런 방향의 연구는 포르투갈의 기록과 지도를 볼 수 있는 이들에게 맡겨야 할 것이다.

헨드릭 하멜(Hendrik Hamel)에 관한 기록

켈파르트 섬이 널리 알려지게 된 것은 하멜의 일지 덕분이지만, 정작 하멜에 대한 정보는 그가 직접 밝힌 것 외에는 많지 않다. 1666년 헨드릭 하멜이 나가사키에 도착했을 때 일본 당국의 심문에서 자신이 36세라고 진술했다. 그러므로 그는 1630년 호르쿰(Gorkum)에서 태어난 것으로 추정된다. 이후 일본 주재 VOC 상관장이 일지에 기록한 바로는, 하멜은 1651년 '포헐 스트라위스(Vogel Struijs)'호를 타고 동인도에 도착했다고 되어 있다. 이 배는 1650년 11월 6일 텍셀(Texel)의 란드-딥(Land-diep)에서 출항하여 1651년 7월 4일 바타비아 항구에 정박했다.

하멜이 처음 VOC 선박에 승선할 당시에는 '포수'로 등록되어 있었지만, 그가 가난한 처지에서 유럽을 떠났다고 단정할 수는 없다. 예를 들어, 후일 VOC 총독이 된 비서(Wiese)도 처음에는 수습 선원으로 동인도에 간 것으로 되어있으나, 당시 대공(大公) 판 데르 파레(Van der Parre)를 숙부라고 불렀다는 사실에서 알 수 있듯이, 무료 승선을 위해 단순히 선원 명부에 이름을 올린 것일 수 있다. 하멜도 좋은 배경이나 추천을 받아서 동인도에 왔을 수 있으며, 이를 통해 처음에는 '문서 담당 병사(soldaat aan de pen)', 곧이어 보조원(assistent), 그리고 회계담당자(boekhouder)로 승진했을 가능성이 있다. 이와 함께 '포헐스트라위스(Vogel Struijs)'호의 동승자이자 포수였던 얀 피터스 판 호허베인(Jan Pieters van Hoogeveen)이 1653년에도 여전히 월 11플로린을 받고 있었던 것과 비교해, 하멜의 월급은 월 30플로린으로 인상되었던 것으로 보인다.

1667년 하멜이 일본에서 바타비아로 돌아온 후 그곳에 머무른 목적은 알 수 없다. 또한 20년 만에 조국에 돌아온 1670년 이후의 행적도 거의 기록으로 남아 있지 않다. 다만 호르쿰에 보관된 1734년경의 주요 호르쿰 가문의 족보 기록에는 그에 대해 다음과 같이 적혀있다. "헨드릭 하멜은 동인도로 항해했고, 거기서 일본으로 가던 중 태풍을 만나 조선 섬('t Eijland Corea)에 표류하여 13년간 억류생활을 했다. 배를 타고 일본으로 도망쳐 호르쿰으로 돌아왔고, 두 번째로 동인도에 갔다가 다시 호르쿰으로 돌아왔다. 그는 평생 독신으로 살다가 1692년 2월 12일 사망했다." 같은 기록에 따르면 그는 디르크 하멜(Dirck Hamel)과 마르가레타 페르하르(Margaretha Verhaar)사이에서 태어났으며, 외조부모는 헨드릭 페르하르(Hendrik Verhaar)와 쿠네라 판 베벨링크호벤(Cunera van Wevelinckhoven)이었다. 하멜 가문의 문장은 금색 바탕에 은색 숫양(Hamel)이었다.

가족이나 호르쿰 주민들이 먼 아시아에서 겪은 하멜의 경험을 접한다면, 현재보다 더 확실한 자료를 모아 그들 선조의 삶과 행적을 더 깊이 이해하려는 관심이 생길지도 모른다.

만약 한국과 일본의 공문서보관소(국가기록원)에 스페르베르 호 난파자들의 체류와 관련된 문서들이 보존되어 있다면, 그들의 체류에 대한 훨씬 더 귀중한 정보가 추가될 수 있을 것이다. 우리는《하멜표류기》의 출간이 한국을 방문했던 최초의 유럽인들에 대한 관심을 다시 불러일으키기를 기대한다. 그에 따라 동아시아에서도 하멜과 그의 동료들의 경험이 더욱 주목받게 된다면, 네덜란드 선박을 타고 일본에 도착한 최초의 영국인에 대한 관심과 견줄 수 있는 성과가 될 것이다. 윌리엄 아담스(William Adams)만큼이나 하멜과 그의 동료들은 현재 한국 지도자들의 충분한 관심을 받을 자격이 있다.

출간된《하멜표류기》의 원본과 VOC 관련 미공개 문서들은 현재 네덜란드 헤이그에 위치한 국립 문서보관소의 식민지 문서관(Koloniaal Archief)의 귀중 자료로 보관되어 있다. 이 문서보관소의 자료들을 조사하는 사람이라면, 네덜란드의 식민지 과거에 대한 기록이 풍부하게 보존되어 있다는 점에 감사하게 된다.

역자 후기
하멜과 관련된 기록

네덜란드 동인도회사 공문서와 함께 읽는 〈하멜표류기〉

학창 시절 추천 도서목록에서 볼 수 있었던 〈하멜표류기〉는 우리에게 〈걸리버 여행기〉만큼이나 익숙하다.

다양한 판본과 편집으로 출간된 〈하멜표류기〉만 해도 수없이 많다. 또한 이 책의 내용과 그 속에 등장하는 벨테브레이(박연)의 이야기는 다양한 소설, 드라마, 만화책, 시집, 뮤지컬 등으로 재현되며 풍성한 문화콘텐츠를 이루고 있다. **26)** 그렇다면 다시 읽는 〈하멜표류기〉는 어떤 의미를 지니는가?

---

26) 〈조선인 박연 – 벨테브레, 역사가 기억해주지 않은 이름〉(2013) (홍순목 장편소설); 〈천년의 왕국〉 (2007) (김경욱 장편소설); 〈하멜서신〉 (2016) (신덕룡 시집); 〈탐나는 도다〉 (2007) (정혜나 장편만화); '탐나는도다' (2009) (MBC 드라마); '푸른 눈 박연' (2013) (뮤지컬) 등을 예로 들 수 있다

'후팅크 판본'과 네덜란드 동인도회사 공문서를 번역하며

헨드릭 하멜은 17세기 조선에 관한 상세한 기록을 남긴 최초의 유럽인이었다. 우리가 흔히 〈하멜표류기〉라고 부르는 이 자료는 1653년 네덜란드 동인도회사(VOC)의 서기이자 회계원인 헨드릭 하멜과 일행이 나가사키로 항해하던 중 풍랑을 만나 제주도에 표류한 후 13년 28일 동안 조선에서 겪은 일과 관찰한 내용을 기록한 보고서이다. 동인도회사는 해외 무역 가능성을 판단하기 위해 낯선 지역을 방문하게 되면 그곳의 지리적 특성과 국가 조직, 그리고 상업과 무역, 농산물 현황 등을 보고하게 하였다. 하멜의 보고서 또한 이를 위해 동인도회사에 제출한 자료였다. 이 보고서의 일부가 출판사들의 손에 넘어가 1668년 발간되었고, 곧이어 유럽 각지에서 앞다투어 발간되었다.

1876년 조선이 문호를 개방했을 때까지만 해도, 하멜의 보고서를 제외하면 조선에 관한 신뢰할 만한 기록이 거의 없었다고 할 수 있다. 당시 동인도회사와 조선의 접촉에 관한 연구를 하고 있던 후팅크(B. Hoetink)는 네덜란드 국립문서보관소에 소장되어 있는 하멜 보고서 원본과 관련 공문서를 편집하여 1920년 '후팅크 판본'을 만들었다. 여기에는 1668년 출간된 일지의 목판화가 포함되어 있다.

정본(正本)으로 간주되는 이 후팅크 판을 개리 레드야드(Gari Ledyard)가 영어로 번역해 "The Dutch Come to Korea"(1971)을 출간하였다. 〈하멜표류기〉한국어 번역본의 경우, 위의 영역본을 한국어로 다시 번역하여 출간한 경우가 많았다. 이번에 출간하는 〈하멜표류기

〉는 1920년 린스호텐 협회가 출간한 후팅크(B. Hoetink) 판 〈스페르베르호의 난파 기록. 그리고 난파선 생존자들이 제주도와 조선 본토에서 경험한 기록(1653년-1666년)과 조선 왕국에 대한 서술〉을 직접 번역한 것이다. 또한 '부록'에는 '네덜란드 동인도회사(VOC) 공문서' 자료와 '후팅크의 서문' 또한 편집없이 번역하여 실었다. 특히 이 부록에 실린 자료는 표류된 하멜 일행에 관련된 일본 상관 일지 및 동인도회사 서신 등으로서 기록들을 통해 17세기 네덜란드와 일본의 관계, 그리고 하멜 일행의 본국 송환 등에 관한 동인도회사의 처리 방안 등을 살펴볼 수 있을 것이다. 이 공문서들은 하멜에 관한 연구뿐만 아니라 당시 조선, 일본, 타이완, 중국 등에 관한 동인도회사의 인식을 엿볼 수 있는 귀한 사료라고 판단된다. 덧붙여 조선의 공문서인 〈조선왕조실록〉에 기록된 하멜 일행과 관련된 내용을 함께 비교해 보는 것도 이러한 상호인식을 비교해 보는 데 유익한 방법이 될 것이다.

예를 들어, 바타비아에서 떠난 중국인을 실은 정크선이 제주도에 표류한 사건을 동인도회사는 이렇게 기록하고 있다.

"바타비아에서 출항한 첫 번째 정크선이 조선에서 난파됐고, 약 40명의 중국인들이 고토에 도착했으며, 나머지는 조선에 억류되어 있다는 소식을 받았습니다"(1670년 10월 19일 나가사키에서 바타비아로 보낸 서신).

"우리가 최근 귀하께 바타비아에서 출발한 정크선이 조선에서 난파됐고 일부 승무원이 고토에 도착했다고 썼습니다. 이후 다른 중국인들도 코레(Corree)에서 제작한 배를 타고 이곳(나가사키)에 도착했으며, 정크선에 실려 있던 무역품도 함께 가져왔습니다. 그 상품들은 정크선 장부에 따르면 판매가 13,000 테일로 추정됩니다. 이들은 코레나 일본 영토에 속하는 어떤 섬에 머물렀던 것으로 보입니다. 그들이 여기에서 다시 장비를 갖추고 바타비아로 돌아갈 것 같습니다"(1670년 11월 1일 나가사키에서 바타비아로 보낸 서신).

같은 사건으로 추정되는 중국인의 표류에 대해 〈조선왕조실록〉이 기록한 바에 따르면, 제주 목사 노정(盧錠)이 다음과 같이 조정에 보고하였다.

"5월 25일 표류한 한인(漢人) 심삼(沈三)·곽십(郭十)·채룡(蔡龍)·양인(楊仁) 등 머리를 깎은 자 22명과 머리를 깎지 않은 자 43명이, 중국 옷을 입거나 혹은 오랑캐 옷, 혹은 왜인 옷을 입고 있었는데, 정의현(旌義縣) 경내에 도착하여 배가 파손되었습니다. 스스로 말하기를 '본래 명나라 광동(廣東)·복건(福建)·절강(浙江) 등지의 사람들로 청인이 남경(南京)을 차지한 뒤에 광동 등 여러 성(省)이 청나라에 항복하였으므로 바다밖 향산도(香山島)에 도망나와 장사하면서 살아왔다. 5월 1일 향산도에서 배를 출발시켜 일본의 장기(長崎)[28]로 향해 가다가 태풍을 만나 표류되어 이곳에 도착하였다.'고 하였습니다. 향산도란 지금 어느 성(省)에 속하였느냐고 물으니 대답하기를 '향옥(香澳)은 광동의 바다 밖 큰 산인데 청려국(靑黎國)에 인접하고 있다.'라고 하였습니다. 어떤 사람이 주관하느냐고 물으니, 대답하기를 '본래 남만(南蠻)의 땅으로 남만 사람 갑필단(甲必丹)[29]이 주관하였다. (…) 우리들은 여러 나라로 다니며 장사를 하고 있으므로 머리를 깎기도 하고 혹은 깎지 않기도 한다. 장기로 가기를 원한다.'라고 하였으므로, 신이 배를 차비시켜 돌려보냈습니다." 하였다.

하멜 일행에 관한 조선의 기록은 〈조선왕조실〉, 〈승정원일기〉, 〈비변사등록〉 등에서 발견된다. 조선의 기록과 동인도회사의 기록을 상호 비교해 보는 것도 흥미로울 것이다. 특히 이 책에서 번역된 하멜 일행의 제주도 표류와 이후 탈출에 관련된 〈동인도회사〉의 공문서 내용을 다음 〈조선왕조실록〉의 내용과 비교하며 당시 네덜란드와 조선의 관점을 비교할 수 있다.

〈조선왕조실록〉에 나타나는 하멜의 표류

조선의 사료에는 하멜과 같은 서양인을 남만인(南蠻人) 또는 아란타(阿蘭陀)로 칭하고 있다. 남만인은 중국 남쪽에서 온 이방인을 뜻하며 당시 해상무역을 하던 포르투갈인이나 네덜란드인 같은 서양인을 일컫는다. 아란타는 네덜란드를 뜻하는 '홀란드(Holland)'의 포르투갈어식 발음에서 유래하였으며, 네덜란드인을 말한다. 하멜 일행에 관련된 내용이 우리 나라의 사료에는 어떻게 기록되어 있을까?

---

27)   나가사키

28)   캡틴(지도자, 대장, 선장)을 뜻하는 포르투갈어 "capitão"에서 유래된 것으로 보인다. 네덜란드어로는 "kapitein'이다.

1) 〈효종실록〉에 따르면, 제주 목사(濟州牧使) 이원진은 하멜 일행의 제주도 표류에 대해 다음과 같이 보고하였다.

"배 한 척이 고을 남쪽에서 깨져 해안에 닿았기에 대정 현감(大靜縣監) 권극중(權克中)과 판관(判官) 노정(盧鋌)을 시켜 군사를 거느리고 가서 보게 하였더니, 어느 나라 사람인지 모르겠으나 배가 바다 가운데에서 뒤집혀 살아 남은 자는 38인이며 말이 통하지 않고 문자도 다릅니다. 배 안에는 약재(藥材)·녹비(鹿皮) 따위 물건을 많이 실었는데 목향(木香) 94포(包), 용뇌(龍腦) 4항(缸), 녹비 2만 7천이었습니다. 파란 눈에 코가 높고 노란 머리에 수염이 짧았는데, 혹 구레나룻은 깎고 콧수염을 남긴 자도 있었습니다. 그 옷은 길어서 넓적다리까지 내려오고 옷자락이 넷으로 갈라졌으며 옷깃 옆과 소매 밑에 다 이어 묶는 끈이 있었으며 바지는 주름이 잡혀 치마 같았습니다. 왜어(倭語)를 아는 자를 시켜 묻기를 '너희는 서양의 크리스챤(吉利是段)인가?' 하니, 다들 '야야(耶耶)' 하였고, 우리 나라를 가리켜 물으니 고려(高麗)라 하고, 본도(本島)를 가리켜 물으니 오질도(吳叱島)라 하고, 중원(中原)을 가리켜 물으니 혹 대명(大明)이라고도 하고 대방(大邦)이라고도 하였으며, 서북(西北)을 가리켜 물으니 달단(韃靼)이라 하고, 정동(正東)을 가리켜 물으니 일본(日本)이라고도 하고 낭가삭기(郞可朔其)라고도 하였는데, 이어서 가려는 곳을 물으니 낭가삭기라 하였습니다."

이에 조정에서 그들을 서울로 올려보내라고 명하였다. 전에 온 남만인(南蠻人) 박연(朴燕)이라는 자가 보고 '과연 만인(蠻人)이다.' 하였으므로 드디어 금려(禁旅)에 편입하였는데, 대개 그 사람들은 화포(火砲)를 잘 다루기 때문이었다. 그들 중에는 코로 퉁소를 부는 자도 있었고 발을 흔들며 춤추는 자도 있었다.

(효종실록 11권, 효종 4년 8월 6일 무진 2번째기사 1653년 청 순치(順治) 10년)

2) 하멜의 동료가 청나라 사신 앞에 갑자기 나타난 사건은 어떻게 기록되어 있을까?

당초에 남만인(南蠻人) 30여 인이 표류하여 제주(濟州)에 이르렀으므로 목사 이원진(李元鎭)이 잡아서 서울로 보내었다. 조정에서 늠료를 주고 도감(都監)의 군오(軍伍)에 나누어 예속시켰다. 청나라 사신이 왔을 때에 남북산(南北山)30)이라는 자가 길에서 곧바로 하소하여 고국으로 돌려보내 주기를 청하니, 청사가 크게 놀라 본국을 시켜 잡아 두고 기다리게 하였다. 남북산이 애가 타서 먹지 않고 죽었으므로 조정이 매우 근심하였으나, 청나라 사람들이 끝내 묻지 않았다.

(효종실록 14권, 효종 6년 4월 25일 기묘 4번째 기사 1655년 청 순치(順治) 12년)

3) 1666년 하멜 일행이 일본으로 탈출한 후, 일본으로부터 서신을 받은 조선의 반응은 어떠하였을까?

가) "동래 부사 안진이, 표류해온 아란타의 문제로 왜에서 온 서신에 대해 문의하다."

"차왜(差倭)29) 귤성진(橘成陳) 등이 역관들에게 말하기를 '10여 년

---

29)   조선에 온 일본 사절

전에 아란타(阿蘭陀) 군민(郡民)이 물화를 싣고 표류하여 탐라에 닿았는데, 탐라인이 그 물건을 전부 빼앗고 그 사람들을 전라도 내에 흩어 놓았다. 그 가운데 8명이 금년 여름에 배를 타고 몰래 도망와서 강호(江戶)에 정박했다. 강호에서 그 사건의 본말을 자세히 알고자 서계(書契)를 예조에 보내려 한다. 아란타는 일본의 속군(屬郡)으로 공물(貢物)을 가지고 오던 길이었다. 그런데 조선에서 물화를 빼앗고 그 사람들을 억류해 두었으니 이게 과연 성실하고 미더운 도리인가.' (…) 하였습니다." 하니, 상이 비국에 내려 의논하게 하였다.

회계하기를,

"이른바 아란타 사람이란 몇 년 전에 조선으로 표류해 온 남만인(南蠻人)을 말하는 듯한데, 이들의 복색이 왜인 같지도 않고 말도 통하지 않았으므로 어느 나라 사람인지 알 수가 없었으니 무슨 근거로 일본으로 들여보내겠습니까. 당초에 파손된 배와 물건을 표류해 온 사람들로 하여금 각자 알아서 처리하도록 하였으므로 우리에게는

---

30) 『승정원일기(承政院日記)』(효종 6년 3월15일)에 따르면, 사신 앞에 갑자기 나타난 사건으로 훈련도감에서 매우 놀랐으며, 확인하고자 남만인들을 모아 점검하니, 그중 남북산(南北山)과 남이안(南二安)이 보이지 않았다. 보고를 받아 본 결과, 갑자기 나타난 자는 북산(北山)이고, 도망친 자는 이안(二安)이라는 사실을 알게 되었다. 군사를 이끌고 수색한 결과, 동소문 길에서 이안을 발견하고 체포하였다. 이에 전교하시기를, "알겠다. 잘 타일러 안심시키고, 한편으로는 그의 행적을 면밀히 살펴라." 하셨다.

訓鍊都監啓曰, 南蠻之人, 投入勅行, 曾所不意, 聞來極爲驚駭, 欲知某人之投入, 卽聚南蠻人等點考, 則其中南北山·南二安二名, 不現矣 得接遠接使狀啓, 始知投入者北山, 逃走者二安也 投入者則不須言, 而逃走之人則不可不及時追捕, 故別定旗牌等官, 各率軍人, 彰義門內外諸山, 使之搜覓, 城中要路, 亦爲調察矣 卽者東營入直軍兵, 逢着二安於東小門路上, 執捉來告, 俱枷杻囚禁之意, 敢啓 傳曰, 知道 善爲開諭, 俾安其心, 一邊譏察其行止, 可也

잘못이 없으니 숨길 만한 일도 없습니다. 차왜가 오면 그대로 답하면 그만입니다. 역관을 시켜 그들의 복장과 말이 왜인과 같았는지의 여부를 물어보고 그들의 답을 들은 다음에 남만인이 표류해 온 실상을 갖추어 말해야 되겠습니다. 이렇게 공문을 보내는 것이 편리하겠습니다." 하니, 상이 따랐다.

(현종개수실록 16권, 현종 7년 10월 23일 경오 1번째기사 1666년 청 강희(康熙) 5년)

나) "표류해 온 남만인에 대해 답할 서계 일에 대해 논의하다."

상이 희정당에 나아가 대신과 비국의 신하들을 인견하였다. 상이 표류해 온 남만인(南蠻人)에 대해 답할 서계의 일을 물으니, 영상 정태화가 아뢰기를,

"지난해 청나라 사신이 나올 때 남만인들이 홍제교 주변에 나와 갖가지로 호소하여 전라도에 나누어 두었는데, 왜국으로 도망친 자들은 필시 이 무리일 것입니다." 하고, 승지 민유중이 아뢰기를,

"신이 호남에 있을 때에 보았는데, 이 무리들이 연로에서 구걸하다가 신에게 호소하기를 '만약 저희들을 왜국으로 보내준다면 저희 나라로 돌아갈 수 있을 것이다.'라고 하였습니다. 그들이 도망쳐 왜국으로 들어간 것이 의심할 게 없습니다." 하자, 좌상 홍명하가 아뢰기를, "남만인이 타국으로 도주하였는데도 지방 관원이 아직까지 보고하지 않았으니, 정말 한심스럽습니다." 하니, 상이 본도에 명해 조사하여 아뢴 다음에 치죄하라고 하였다.

(현종개수실록 16권, 현종 7년 10월 26일 계유 2번째기사 1666년 청 강희(康熙) 5년)

다) "비변사가 도망친 남만인의 일로 좌수사 정영의 논죄를 청하다."

비변사가 아뢰기를, "엊그제 전라 감사의 장계로 인해 비로소 전라도에 나누어 둔 남만인이 도망쳐 일본으로 들어갔다는 것을 알고 본도에 공문을 보내 조사하여 보고하게 하였더니, 좌수영에 나누어 둔 남만인이 나가 돌아오지 않았다고 하였습니다. 좌수사 정영(鄭韺)을 나문하여 죄를 주소서." 하니, 상이 따랐다.

(현종개수실록 16권, 현종 7년 11월 26일 임인 1번째기사 1666년 청 강희(康熙) 5년)

라) "수찬 김석주를 왜인의 접위관으로 보내다."

수찬 김석주를 접위관(接慰官) 31)으로 차출해 보냈다. 일찍이 갑오년에 남만인(南蠻人)의 배가 표류해 대정(大靜)의 해변에 도착하였는데, 그들이 탄 배가 죄다 파손되어 돌아갈 수가 없었다. 제주 목사가 치계하여 여쭙자 그들을 그냥 그곳에 머무를 수 있게 하였다. 병오년 가을에 그중 8명이 고기를 잡으러 바다로 나갔다가 표류해 일본 오도(伍島) 32)에 도착하였다. 오도에서 이들을 붙잡아 장기(長碕) 33)로 보내니 장기 태수가 그들의 거주지를 물어보았는데 아란타(阿蘭陀)의 사람들이었다. 아란타는 곧 일본에 속한 군(郡)이었다. 그 사람들을 강호(江戶)로 들여보냈는데 관백(關白)이 대마 도주(對馬島主)로 하여금

31)   사신
32)   일본 고토 열도
33)   지금의 나가사키

우리 나라에 묻기를, "해변에 왕래하는 야소종문(耶蘇宗門) 34)의 잔당들을 일일이 기찰하여 통보해 주기로 일찍이 귀국과 약조를 했었다. 그런데 아란타 사람들이 표류해 귀국에 도착했을 때 귀국이 통보하지 않았다. 표류해 돌아온 8명은 비록 아란타 사람이지마는 그 나머지 귀국에 머물러 있는 자들은 필시 야소의 잔당일 것이다." 하면서 여러모로 공갈하였다. 대개 야소는 즉 서양에 있는 별도의 종자인데 요술이 있어서 어리석은 사람을 미혹할 수 있었다. 그들은 일찍이 일본과 상통하였는데 뒤에 틈이 생겨 관백이 매우 미워하였으므로 매양 우리 나라에게 붙잡아 보내주라고 요청하였다. 이번에 아란타 사람들이 표류해 일본에 도착했을 때 관백이 우리 나라에 머물러 있는 자들이 야소가 아닌 줄을 알고도 이를 트집잡아 권현당(權現堂)에 쓸 향화(香火)를 요구할 구실거리로 삼은 것이다. 그리하여 차왜(差倭)가 나와 관(館) 35)에 40일을 머물러 있었으나 조정에서 일부러 응하지 않았었는데, 이때에 이르러 석주를 접위관으로 차출하여 보낸 것이다.

(현종개수실록 16권, 현종 8년 2월 26일 신미 4번째기사 1667년 청 강희(康熙) 6년)

---

34) 야소교(기독교)
35) 조선의 외국인을 접대하는 곳

하멜표류기와 관련된 인물

하멜 표류기의 저자, 헨드릭 하멜

네덜란드 호르쿰 시에서 태어난 헨드릭 하멜은 네덜란드 동인도 회사(VOC)의 선원이자 회계장부를 기록하는 서기였다. 그는 포헐 스트라위스호를 타고 네덜란드 텍셀 항구를 출발하여, 지금의 자카르타인 바타비아에 도착하였고, 다시 바타비아에서 스페르베르호를 타고 지금의 타이완인 포르모사로 항해하였다. 그곳에서 일본 나가사키로 향하던 하멜 일행은 폭풍우를 만나 제주도에 표류하게 되고, 선원 64명 중 36명만이 생존하게 된다.

국왕인 효종을 알현하러 제주도에서 한양으로 간 하멜 일행은 왕에게 일본 나가사키로 보내달라고 간청한다. 하지만 국왕은 그들에게 '외국인을 조선 밖으로 내보내는 것은 조선의 관례가 아니기에, 하멜 일행은 이 땅에서 생을 마감해야 한다'고 말한다. 이들은 훈련도감과 국왕 행사의 호위부대로 편입된다. 그러던 어느날 한양을 방문한 중국사신 앞에서 이들의 억류된 처지를 호소하는 사건이 벌어지고, 이후 이들은 전라도 강진 지역에서 유배 생활을 하게 된다. 그곳에서 7년을 보낸 뒤, 이들은 다시 남원, 순천, 여수의 3개 도시로 흩어진다. 여수에 있던 하멜과 일행 8명은 배를 구입해 1666년 13년간의 조선 생활을 뒤로하고 탈출에 성공한다. 이후 조선에 남아 있던 8명 중 7명은 조선과 일본의 협상에 따라 일본으로 보내진다.

이를 배경으로 한 〈하멜표류기〉는 하멜이 동인도회사에 제출하기 위해 작성한 난파 일지이자, 조선과의 교역가능성을 염두에 둔 정치 · 사회 · 문화 보고서라고 할 수 있다.

먼저 조선에 표류되었던 네덜란드인 얀 얀스 벨테브레이

난파 생존자들이 어느 날 제주도의 관청에 불려가니, 붉은 수염을 기른 서양인 한 사람이 있었다. 국왕의 명령으로 통역을 위해 한양에서 온 그는 이미 26년간 조선에 체류하고 있던 최초의 귀화 네덜란드인 얀 얀스 벨테브레이, 조선이름은 박연이었다. 그는 네덜란드 더 레이프 시에서 왔으며, 1627년 아우어르케르크호를 타고 일본으로 항해하던 중 역풍을 만나 조선 해안 근처에 오게 되었다. 식수를 구하기 위해 육지로 왔던 벨테브레이와 두 명의 동료는 이곳 주민들에게 붙잡혀 여태 조선에서 생활하고 있다고 했다. 또한 이 두 명의 동료는 병자호란 때 목숨을 잃었다고 전했다.

조선 탈출 이후 나가사키 총독의 질문에 하멜 일행은 '얀 얀스 (벨테브레이)가 살아 있는지는 우리도 확실히 알 지 못한다'고 답했으나,

동인도회사 상관 일지에는 '얀 얀스 벨테브레이는 이 8명이 조선을 떠날 때까지도 살아있었으며, 70세가 넘은 노인이었다'고 기록한다.

또한 나가사키 총독의 질문서에는 '벨테브레이가 1627년 타이요안(대만)에서 일본으로 가던 중 폭풍우를 만나 조선 해안에 표류했다'고 답했으나, 상관 일지에는 '1627년 아우어르스케르크호를 타고 항해하다가, 이 배가 북쪽 해역에서 나포한 중국 배에 옮겨 타게 되었고, 타고 있던 배가 이 섬들(조선) 근처에서 표류하게 되었다'고 기록되어 있다.

조선왕조실록에 따르면, 벨테브레이는 무과시험에 장원급제하였고 ("정시를 설행하여 (…) 무과에 박연(朴淵) 등 94인을 뽑았다")[37], 훈련도감에 배속되어 홍이포(紅夷砲)등 조선의 무기 개발에 힘쓴 것으로 추측된다.[38] 홍이포는 원래 네덜란드에서 명나라로 유입된 성능 좋은 대포

로서, 이 포를 만든 사람들의 얼굴과 수염이 붉다 해서 붙여진 이름
이다.

---

36)　인조실록49권, 인조 26년 8월 25일 정사 2번째 기사 1648년 청 순치(順治) 5년
37)　효종은 당시 북벌전쟁을 준비 중이었다.

하멜이 살았던 당시 네덜란드

17세기 네덜란드는 어떤 모습이었을까?

16세기 유럽의 종교가 가톨릭과 개신교로 나뉘어 대립하게 되면서, 스페인의 지배를 받고 있던 네덜란드에서도 종교가 나뉘게 되었다. 플랑드르(지금의 벨기에) 지역은 가톨릭으로 남아있었다면, 네덜란드 북부(지금의 네덜란드)는 개신교, 즉 프로테스탄트가 지배적인 종교였다. 하지만 1581년 북부 네덜란드가 스페인에 대항하여 독립을 선언하고, 이후에도 크고 작은 전쟁이 지속되다 최종적으로는 1648년 뮌스터 협약 및 베스트팔렌 조약의 체결을 통해 네덜란드 북쪽 지방은 진정한 자유와 독립을 얻게 된다.

이렇듯 17세기 네덜란드는 주변 국가들과는 다른 모습을 하고 있었다. 종교적인 측면에서, 포르투갈과 스페인처럼 가톨릭을 믿는 나라들과는 달리 네덜란드 사람들은 개신교(캘빈교)를 믿었다. 정치적인 면에서도 독특하였는데, 유럽의 나라들은 절대왕정체제였으나 네딜란드는 7개 주가 각각의 의회를 갖고 있는 자치권이 강한 연방제 공화국의 형태를 가졌다. 또한, 명실공히 국제무역의 중심지였던 네덜란드는 현대의 자본주의사회처럼 재산의 소유에 따라 계층이 형성되었으며, 상인과 같은 시민계급이 지배층으로 부상할 수 있는 열린 사회구조를 가지고 있었다.

다른 종교에 대해서도 관용을 베풀었고, 따라서 유대인을 포함한 망명자들과 다양한 이주자들이 네덜란드로 유입되어 들어와 다문화 사회를 형성할 수 있었다. 이러한 배경에서 약 3만 명이던 암스테르담의 인구는 1650년경 약 20만명까지 급성장했다. 한마디로 17세기 네덜란드는 열린 사회, 자유와 관용의 나라였다고 할 수 있다.

네덜란드 동인도회사(VOC)는 어떤 회사일까?

후추, 육두구, 정향 등 아시아에서 생산되는 향신료는 당시 유럽에서 큰 인기가 있었다. 따라서 1600년 전후 네덜란드의 초기 무역회사들도 우후죽순 아시아로의 탐험을 시작하지만, 해적을 만나거나, 괴혈병이나 난파될 위험이 항상 도사리고 있었기에 이내 도산하는 무역회사들이 생겨났다. 이에 네덜란드 정부가 나서 하나의 큰 연합회사인 네덜란드 동인도회사(VOC)를 결성한다. 이렇게 설립된 회사는 6개의 지사 (암스테르담, 제이란트, 호른, 엔크하위전, 델프트, 로테르담)를 만들고, 60명의 이사를 두었다. 그리고 이들 중 선발된 최고이사회인 17인 위원회(Heren XVII)가 중요한 정책결정권을 가지고 있었다. 부록의 네덜란드 공문서에 등장하는 17인 위원회가 바로 이 최고이사회이다.

동인도회사는 세계최초로 주식발행을 통해 회사를 운영하였으며, 네덜란드, 영국, 포르투갈, 독일 등 다양한 나라의 사람들이 투자에 참여할 수 있는 다국적 기업이었다. 암스테르담의 증권거래소에서 동인도회사의 주식이 거래되었는데, 이는 현대적인 주식시장과 상업자본주의 경제의 시초로 평가된다. 또한 동인도 회사는 네덜란드 정부로부터 독점적 무역권과 준(準)정부적 권한을 부여받았다. 즉, 아시아 지역과의 독점 무역, 조약 체결 권한, 군대 조직 및 전쟁 수행, 요새와 상관 설치, 식민지 통치 및 행정 운영, 그리고 화폐 발행 등의 권한을 가졌다.

동인도회사는 16~18세기 유럽이 해외로 팽창하는 데 있어 중요한 역할을 차지했고, 인도양과 동남아시아를 중심으로 거대한 무역망을 구축했다. 바타비아(인도네시아), 포르모사(대만), 데지마(일본) 등 아시아에 많은 상관(무역 거점지)을 설치했으며, 결과적으로 이 시기 아시아와 유럽의 만남을 확대하고, 서로 다른 문명이 직접 만나는 중요한 창구역할을 했다. 그러나 그 과정에는 식민지 착취, 원주민 탄압, 독점적 무역 등 어두운 측면도 존재했다.

동인도회사는 1602년 설립되어 1799년 해체될 때까지 약 2세기 동안 세계에서 가장 큰 기업이었다. 이러한 성공은, 17세기 네덜란드의 경제를 크게 부흥시켰고, 암스테르담은 명실공히 국제무역의 중심지가 되었으며, 이렇게 하멜이 조선에 표류했던 시기의 네덜란드는 황금시대를 맞고 있었다.

미주

1) 당시 나가사키의 부교(奉行)를 뜻하며, 에도 막부가 직접 임명한 관리로 나가사키 무역과 외교를 총괄하는 책임자였다. (역자)

2) 현재의 플라르딩언(Vlaardingen)으로 추정한다.

3) 흐리트하위전(Griethuizen)으로 추정한다.

4) 현재의 남홀란드주의 오스트포르네(Oostvoorne)로 추정한다.

5) 이 서신은 나가사키 상관(商館)의 네덜란드 동인도회사 관리들이 바타비아(현재의 자 카르타)에 있는 동인도회사 총독에게 보낸 공식 보고서이다.

6) 일본에서 최근까지 상관장을 지낸 상인 빌럼 폴허르인 내가 바타비아에 도착하여 존경하는 요안 마트사이커르(Joan Maetsuijcker) 총독 각하와 동인도 평의회(Raad van Indië) 의원들께 서면으로 작성하여 제출한 보고서.

7) 피터 판 호른(1619년 7월 10일 암스테르담 – 1682년 1월 17일 바타비아)은 동인도 평의회(Raad van Indië)의원이었으며, 1667년, 동인도에 도착한지 2년 후, 그는 네덜란드동인도 회사(VOC)의 두 번째 중국 황실 사절단을 이끌었다. 이 사절단은 중국에서의 무 역권을 얻으려고 시도했다. (참고:위키피디아)

8) 프로핀시엔(Provintien)은 포모사(대만) 본토 지역을 일컫는다. 1625년 1월 14일 송 크 총독과 타이요안 평의회는 "모든 회사의 자원을 가지고 모래톱에서 맞은편 포르모사 섬 본토로 이전하여"(…) "그곳에 완전한 도시를 세우기로" 결정했다. 동시에 "이미 세워진 성채"에 '오랑지(Orangie)'라는 이름을 붙이고, 새로운 도시 는 네덜란드의 7개주 연합을 기념하여 '프로빈시엔(Provintien)'이라 부르기로 했 다. 바타비아 정부는 1625년 5월 13일 서신으로 이를 승인했으나, 암스테르담 의 회는 1626년 10월 17일 서신을 통해 "타이요안의 요새와 도시는 프로빈티엔 대 신 제이란디아로 명명되어야 한다"고 지시했다. (1627년 6월 27일 바타비아에서 타이요안 으로 보낸 서신과 1627년 11월 9일 일반 서신)
그러나 제이란디아 성채(요새)와 계획된 도시는 동일한 장소에 위치하지 않았다. 성채는 모래톱의 언덕 위에 위치해 있었고, 요새 광장의 동쪽 끝에는 중국인 정 착지가 형성되어 있었는데, 이곳이 "제일란디아 지구 또는 도시('t Quartier ofte de Stad Zeelandia)'로 불리고 있었다. 이러한 이유로 포르모사 본토에 계획된 도시는 여전히 '프로빈시엔'이라는 이름을 유지했던 것으로 보인다. 이는 1629년의 포르모사 지도(식민지 문서보관소 no.140)에서도 나타난다. 따라서 1649년 5월 10일, 바타비아 정부는 오버트바터(Overtwater) 지사에게 다음과 같은 명령을 내렸다. "포르모사 본토의 치아캄(Chiaccam) 지역은 이전에 도시를 건설하고자 계획하면서, 마르티누스 송크(Martinus Sonck) 경이 이를 '프로빈시엔'이라 명명하고 바타비아 정부의 승인을 받았으나, 이후 오버트워터가 이를 '호른(Hoorn)'으로 명명하였다. 이에 따라 해당 지역의 원래 명칭인 '프로빈시엔'을 다시 사용한다."

1652년 중국인들의 반란을 일으키자, 반란 발생 시 타이오완과 프로빈시엔이 분리되지 않도록 하기 위해, 프로빈시엔 중심의 교차로에 충분한 방어력을 갖춘 보루를 건설하였다. (1652년 12월 24일 총괄 서신 및 1653년 5월 26일, 6월 18일, 1654년 5월 20일 바타비아에서 타이요완으로 보내는 서신 참조) 이 방어시설은 1661년 5월 초 콕싱가(정성공)에게 정복당했다.

전 총독 페르부르흐(Verburgh)도 1654년 3월 10일 바타비아에서 작성한 '포르모사의 상황에 관한 보고서'(식민지 문서보관소no. 1097)에서 '프로빈시 정착지(het vleck Provintie)'에 대해 언급하고 있으며, 국립문서보관소의 지도 컬렉션(문서번호 305)에서도 '프로빈시 지역(het vlekje Provintie)'이라는 명칭이 확인된다.

9) "de sone van den grooten mandarijn Equan"은 17세기 네덜란드의 시인 요스트 판 던 폰덜(Joost van den Vondel)이 쓴 시구를 인용한 것이다.

10) "최근에 타이완에서 중국인들 사이에 여러 불안한 상황이 발생하였고, 만다린 에콴의 아들이 더 이상 만주족에 대항할 수 없는 상황에 이르자, 자신의 병력을 이끌고 바다로 떠났으며, 그가 타이완(포르모사)을 목표로 하고 있는 것으로 추정되고 있습니다." (1653년 4월 10일 결의서; 비교: 1652년 7월 25일 바타비아에서 타이완으로 보낸 서신). 동시에, 17인 위원회(동인도회사 이사회, Heeren XVII)도 반란을 일으킨 중국인들이 '에콴의 아들인 코신(Cochin, 혹은 코싱아)으로부터 자극을 받아 그와 관련해 연락을 주고받았으며, 지원과 협력을 기대한 것으로 보인다'는 점을 신빙성 있게 받아들였습니다. 이는 예수회 신부 마르티누스 마르티니(Martinus Martini)가 네덜란드를 떠날 당시 중국에서 이러한 소문이 돌고 있었다고 보고한 바와 일치합니다. (1654년 1월 20일 보고).

11) 1653년 5월 24일 결의서 (Kol. Archief no.780).

12) 네덜란드 식민지기록보관소에 보존된 「일본의 동인도회사 상관장 명단과 입항

한 선박 및 난파된 선박 수」(1850년까지)에 따르면, 총 716척의 선박이 일본에 도착했으며, 27척이 난파되었다.

13) O. Nachod, Die Beziehungen, enz., bl.330 en Beilage 63 A.

14) "(…)앞서 언급한 배들이 쓰시마(Schisima) 또는 동인도 회사의 주재지 앞에서 정박했다."(1646년 8월 14일, 일본 일지). 네덜란드 상관(商館, loge)은 처음(1609년)부터 히라도(平戶, Firando)에 위치해 있었다. 몽타누스(Montanus)의《기억할 만한 사절단(Gedenkwaardige Gesantschappen)》28쪽에는 "히라도의 네덜란드 상관"을 묘사한 삽화도 있다. 그러나 1641년 5월 11일 우리는 일본 측으로 부터 '앞으로는 배를 반드시 나가사키에서 정박시키고, 히라도에서 모든 상품을 철수하여 나가사키로 이전해야 한다'는 통보를 받았다 (일본 일지). 이전 작업은 1641년 6월 12일부터 24일까지 진행되었으며, 6월 25일 히라도의 네덜란드 상관장 르 메르(Le Maire)가 최종적으로 나가사키로 이동했다 (같은 문서). (네덜란드 동인도 회사 상관장 명단)에는 그 메르에 대해 '1641년 5월 21일, 르 메르가 히라도에서 데지마로 이주했다.'고 기록되어 있다.《바타비아 일지(Dagr. Bat.)》1641년 12월, 68쪽 참조).
네덜란드인들은 1635년 포르투갈인을 위해 지어진 구역을 거주지로 배정받았다 (1641년 2월 3~4일, 일본 일지). 프랑수아 카롱(François Caron)은 1636년 7월 29일, 이를 다음과 같이 묘사했다.
"(…)우리는 포르투갈인의 숙소 또는 감옥을 살펴보았다. 이곳은 나가사키 만 남쪽에 돌과 흙을 쌓아 조성된 인공섬으로, 길이는 약 600피트(약 183m), 너비는 240피트(약 73m)이며, 전체가 높은 울타리로 둘러싸여 있다. 내부에는 두 줄로 주택이 배치되어 있고, 중앙에는 도로가 있다. 이 섬은 육지와 연결된 다리를 통해 출입할 수 있는데, 포르투갈인들은 단 두 번만 이 다리를 건널 수 있다. 즉, 배에서 내릴 때 한 번, 또 다시 배에 오를 때 한 번이며, 섬 밖으로는 발걸음도 내디딜 수 없다. 이 거주지는 밤낮으로 여러 경비선과 초소에 의해 철저히 감시되고 있다"(일본 일지)

15) "네덜란드인들은 허가 없이 섬 밖으로 나갈 수 없었으며, 매춘부는 허용되었지만 다른 여성이나 일본인 성직자, 심지어 거지들도 이 섬에 들어올 수 없었다."(1641년 8월 19일, 일본 일지)
네덜란드 동인도 회사의 직원들이 히라도에서 어떻게 행동해야 했는지는, 최고 책임자들이 내린 지시를 보면 확인할 수 있다. (1637년 10월 3일자 공식 서한)"우리 사람들은 일본인들에게 맞춰 행동하며, 오직 무역을 방해받지 않도록 모든 것을 인내해야 한다."

또한, 당시 최고 책임자인 니콜라스 쿠케바커에게 내려진 지침(1633년 5월 말, 식민지 기록 보관소 문서 759호)에서도 다음과 같이 명시되어 있다. "모든 언행과 사교에서 친절하고 우호적이며 겸손하게 행동하여야 하며, 신분을 중시하는 일본인들에게 외국인의 오만함, 자만심, 교만이 용납되지 않음을 유념하여, 그들에게 호감을 사고 친숙한 존재가 될 수 있도록 노력해야 한다." (1633년 8월 15일자 공식서한)

16) "그[엘세라크(Elseracq) 상관장]는 점점 더 그 나라의 엄격한 절차를 우려했으며, 동시에 우리 사람들이 그곳에서 무사히 머물기 위해서는 이를 따라야 한다고 여겼습니다." (1650년 4월 26일자 공식 서한)

"우리가 이곳에서 얼마나 엄격하게 제한되어 있는지, 일본 통치자들의 까다로운 기준과 규정으로 인해 얼마나 많은 어려움에 직면해 있는지, 그리고 통역관들의 무능에서 비롯된 그들의 소심함이 이러한 어려움을 얼마나 더 가중시키고 있는지는 귀하께서 이곳에 체류하는 동안 어느 정도 직접 경험하셨을 것입니다." (1670년 11월 2일, 나가사키에서 마르티누스 케사르에게 보낸 보고서)

17) Kol. Arch. no. 457. 〈1667년 11월 20일 본국서신〉 참고

18) Witsen, 1e dr. II, bl. 23; 2e dr. I, bl. 53.

19) "폴레롱 호는 1670년 7월 26일과 27일에 걸쳐 극심한 폭풍을 만나 미즈마스트를 제외한 모든 돛대를 잃었는데 (…) 그들은 켈파르트에서 손상된 부분을 수리한 후, 고토 열도를 통과해 8월 13일 나가사키에 도착했습니다 (…) 폴레롱 호는 켈파르트에서 닻을 내리고 정박했다가 고토 섬들 사이로 항해했습니다." (1670년 10월 19일 나가사키에서 바타비아로 보낸 서신) "바타비아에서 출항한 첫 번째 정크선이 조선에서 난파됐고, 약 40명의 중국인들이 고토에 도착했으며, 나머지는 조선에 억류되어 있다는 소식을 받았습니다." (같은 문서) "우리가 최근 귀하께 바타비아에서 출발한 정크선이 조선에서 난파됐고 일부 승무원이 고토에 도착했다고 썼습니다. 이후 다른 중국인들도 코레(Corree)에서 제작한 배를 타고 이곳(나가사키)에 도착했으며, 정크선에 실려 있던 무역품도 함께 가져왔습니다. 그 상품들은 정크선 장부에 따르면 판매가 13,000 테일로 추정됩니다. 이들은 코레나 일본 영토에 속하는 어떤 섬에 머물렀던 것으로 보입니다. 그들이 여기에서 다시 장

비를 갖추고 바타비아로 돌아갈 것 같습니다." (1670년 11월 1일 나가사키에서 바타비아로 보낸 서신)

20) "지금까지 발견된 이 안타까운 표류자들의 유일한 유물은 1886년 서울에서 출토된 두 개의 네덜란드 꽃병이다. 현지인들은 이것이 외국산이라는 막연한 믿음 외에는 그 출처에 대해 아무것도 알지 못했다. 하지만 꽃병에 그려진 네덜란드 농가의 생활 모습은 그들만의 이야기를 들려주었고, 손잡이의 닳은 고리는 오랜 세월 사용된 흔적을 보여주었다. 우리는 이것들이 일본 역사 속 윌 아담스(Will Adams)처럼 살다가 죽은 벨테브레이의 마지막 유품이었을 것이라 상상해볼 수 있다. 그는 비록 조선에 붙잡혀 지낸 신세였지만, 왕과 정부로부터 존경받는 손님이자 고문이었다. 조선에 있었던 이 네덜란드인 난파자들의 존재는 아시아 민족들 사이에서 항상 이례적으로 여겨졌던 현상, 즉 파란 눈과 금발의 존재를 설명해줄 수 있을지도 모른다. 이러한 특징들은 한반도 곳곳을 여행한 사람들에 의해 자주 목격되었고, 오늘날까지 명확한 설명 없이 많은 논평과 추측을 불러일으키고 있다." (J. Scott, Stray notes on Corean history etc., Journal China Branch R.A.S., New Ser. XXVIII, 1893 - 94, bl. 215).

21) "De dorpen zijn daer te lande ontelbaer, iemant by het haer te vatten is daer zeer oneerlijk en veracht" (Witsen, 2e dr. p. 59).

22) Witsen, p.23.

23) "조선에서의 13년은 훨씬 더 완벽한 기록을 남기기에 충분한 시간이었다. 많은 사람이 그 시간을 활용하여 보다 풍부하고 만족스러운 기록을 남겼을 것이다. 그러나 저자는 자신이 가진 것만을 제공했으며, 그의 메모는 아마도 간략하고 체계적이지 못했을 것이다. 그는 충분한 시간적 여유가 있었지만, 아마도 글을 쓸 의욕이 적었을 것으로 보인다. 그가 처한 비참한 환경 속에서, 자신이 과연 자유를 얻어 세상에 이 기록을 남길 수 있을지조차 알지 못했기 때문이다." (Churchill's Collection IV, Preface, p. 574)

24) Rev. J. Ross, History of Corea (1880); Ch. Dallet, Histoire de l'Église de Corée (1874)

25) "서구에서 조선(은둔의 왕국, The Hermit Kingdom)으로 들어가려 한 최초의 외국 선교사의 시도는 1791년 2월에 이루어졌다." (출처: Griffis, Corea, 1905, p. 353)

26) "선교사들은 조선에서 오랫동안 거주하며 그 언어를 구사하고, 현지 주민들과

함께 생활하면서 그들의 법률, 성향, 통념, 그리고 생활 습관을 진정으로 이해할 수 있었던 유일한 유럽인들이다." (출처: Ch. Dallet, Histoire de l'Église de Corée, Vol. I, p. IX)

27) "만주족이 중국을 정복한 이래, 조선은 베이징에 정기적으로 조공을 바치는 가장 성실한 봉신국이었다. 15년 전(1883년)까지, 중국은 조선의 내정에 전혀 간섭하지 않았다. 조선이 해야 할 일은 단지 정해진 시기에 명목상의 가치를 지닌 지역 특산물을 조공으로 바치는 것뿐이었으며, 이에 대해 중국으로부터 후한 답례를 받았다. 또한, 조선 왕의 왕위 승계가 있을 때 승인을 요청하는 것도 그들이 중국에 해야할 일이었다" (Parker, China Past and Present, p. 340.)

28) 리처드 콕스(Richard Cocks)의 일기 (Diary of Richard Cocks, Hakluyt Society, 1883) I, pp. 255, 301, 304, 311, 312, 313; C. J. 퍼넬(C. J. Purnell), The Log-Book of William Adams 1614 - 19 (Transactions of the Japan Society of London, XIII, 1916, p. 178) - 조선의 첫 번째 사절단은 1608년 일본을 방문했으며, 두 번째 사절단은 1617년에 파견되었다. "이때부터 1763년까지, 조선은 새로운 쇼군(Shōgun)이 임명될 때마다 일본에 사절단을 파견하였으며, 이러한 사절단은 총 11차례 일본을 방문하였다." (I. Yamagata, Japanese-Korean Relations after the Japanese Invasion of Korea in the XVIth Century, Transactions Korea Branch R. A. S. IV, 2 (1913), p. 8.); 새로운 쇼군의 취임이 사절단을 보내는 유일한 이유가 아니었다는 것은 1643년 동인도회사의 일본 일지 5월 6일자 기록에서도 드러난다: "네덜란드 동인도회사에 돈을 빚지고 있는 히라도(Firando)의 영주는 4~5상자의 돈을 더 지불했을 것이나, 황제(쇼군)의 태자 탄생을 축하하기 위해 파견된 조선 사절단이 에도로 가는 길에 자신의 영지를 지나가게 되어, 여러 상자의 돈을 써야만 했다고 한다."

29) "조선 사절단은 4월에 훌륭한 선물들을 받아 다시 조선으로 돌아갔으며, 오고 가는 동안 모든 곳에서 자유로운 대우를 받았다. 그들이 요청한 것은 중국의 군사적 지원이었는데, 이는 중국이 조선에 많은 피해를 끼치고 있다고 불평했기 때문이다. 일본 측에서도 이에 대한 지원 가능성을 조선 사절단에게 희망적으로 전달한 것으로 보였다. 그러나 조선 사절단이 떠난 직후, 전쟁 준비 소문은 연기처럼 사라졌다. 결국 이 쇼군은 외국과의 전쟁을 통해 영주들을 부유하게 만드는 것보다는 성을 건설하는 데 자금을 쓰게 함으로써 영주들을 경제적으로 약화시키는 데 더 관심이 있는 듯하다." (히라도(平戶) 주재 네덜란드 동인도회사

대표가 바타비아로 보낸 서한, 1625년 11월 17일.)

참조: 일본 일지(Dagregister van Japan) 1637년 3월 24일, 부록 IV

30) "다음 해인 1655년, 일본에서는 특별한 사건이 발생하지 않았다. 다만, 조선에서
궁정의 사절 세 명이 300명의 수행원을 거느리고 와서 의례(d´ Hommagie)를 행
하였다. 조선은 이 의례를 3년마다 한 번씩 행하는 관습을 가지고 있다."(Mr. P.
van Dam's Beschrijvinge, Boek 2, deel 1, caput 21, fo 289.); "1710년, 에도 성(Yedo) 내에
특별한 관문이 세워졌다. 이는 이듬해 도착할 서울의 사절단에게 쇼군 이에노
부(Iyénobu)의 평온한 위엄을 보여주기 위한 것이었다. 그러나 과도한 비용 부담
으로 인해, 결국 에도의 통치자들은 비용이 많이 드는 사절단 행사를 폐지할 수
밖에 없었다. 고가의 조공 행사를 폐지하지 않을 수 없었다. 이에 따라 조선 사
절단을 더 이상 에도까지 오지 않고 대마도(Tsushima)에서만 접견하도록 명했
으며, 그곳에서 사절단은 다이묘(大名) 소(宗) 가문이 주관하는 접대를 받게 되었
다."(Griffis, Corea, 1905, p. 151.) Chinese Repository X, 1841, p. 163 (주석).

31) "이곳으로부터 해안선은 북쪽 방향으로 이어지다가, 북서쪽으로 안쪽으로 휘어
진다. 이 해안에서는 일본인들이 이 지역의 주민들과 무역을 한다. 이 지역의
사람들을 'Cooray(조선인)'이라 부르며, 이곳에는 항구와 피난처(항만시설)가 있다.
그들은 좁고 성기게 짠 직물을 가지고 있는데, 이것을 일본인들이 그곳에 와서
거래한다. 나는 이 지역으로 가는 항로에 대한 정보를 포함해 이곳에 대한 신뢰
할 만한 많은 정보를 확보하였는데, 그것은 이 지역을 항해하고 직접 탐사했던
선원들로부터 얻은 정보이다.
난징 만의 이 만곡부에서 남동쪽으로 20마일 떨어진 곳에는 여러 섬들이 있으
며, 그 끝, 즉 동쪽에는 매우 크고 높은 섬이 있다. 이 섬에는 보병과 기병을 포
함한 많은 사람들이 살고 있다.
포르투갈인들은 이 섬들을 '코레의 섬들(As Ylhas de Core)'이라고 부른다. 그러나
앞서 언급한 큰 섬은 차우시엔(Chausien 또는 조선)이라 불리며, 북서쪽에는 작은
만이 있고, 그 입구에는 작은 섬이 있다. 이곳은 주요 항구이지만 수심이 얕다.
이 섬에는 그 지역의 영주가 거주한다. 이 섬에서 남동쪽으로 25마일 떨어진 곳
에 일본 열도의 일부인 고토(Goto) 섬이 있다. 이는 난징 만의 곳에서 동북쪽 방
향으로 60마일 조금 넘게 떨어져 있다."(출처: Jan Huyghen van Linschoten, Reys-
Gheschrift van de Navigatien der Portugaloysers in Orienten, 1595, p. 70)

32) "중국인들과 조선인들은 나가사키(Nangasaq)에서 후추를 거래하지 않는다."(출처: 1634년 12월 3일, VOC 일본 상관장 쿠케바커(Couckebacker)가 타이완 총독 푸트만스(Putmans)에게 보낸 보고서); "히라도의 영국 상관으로 돌아왔을 때, 나는 3-4명의 플랑드르(네덜란드인) 상인을 발견했다. 그들 중 한 명은 일본 복장을 하고 있었고 한국이 보이는 쓰시마라는 곳에서 왔다고 했다. 내가 알기로 그들은 후추와 다른 상품들을 그곳에서 팔았으며, 한국과 비밀 무역을 하고 있거나 그럴 가능성이 매우 높다."(출처: The Voyage of Captain John Saris to Japan, p. 170, 1613); "후추가 그곳[일본]에서 피콜 당 15-16 테일에 팔렸다. 이는 일부는 일본에서 소비되고, 일부는 한국으로 운송되었다."(출처: 1626년 2월 3일자 VOC 일반서신, General Missive)

33) "더욱이, 저의 신민(臣民)들은 모든 나라와 지역을 방문하여 우호적이고 성실한 방식으로 무역을 행하고자 하는 바입니다. 그러므로 저는 폐하(일본의 쇼군)께 간청드리오니, 저희가 폐하의 후의와 도움을 받아 조선(Corea)과의 무역을 허가받을 수 있도록 해주시길 바랍니다. 그리하여 적절한 시기에 일본 북부 해안까지 항해할 수 있도록 허락해 주신다면, 이는 저에게 특별한 우정을 베푸시는 일이 될 것입니다."(출처: Van Dijk, Iets over onze vroegste betrekkingen met Japan, p. 38, 18 December 1610)

34) "플랑드르인[네덜란드인]은 이미 쓰시마라고 불리는 섬을 통해 조선에 작은 진출구를 가지고 있다. 이 섬은 한국이 보이는 곳에 위치해 있으며 일본 황제와 우호적이다."(1613년 11월 30일)

35) "캄프스(Camps)가 우리에게 알려온 바로는, '드 혼트' 호가 스피리토 산토(Spirito Sancto)만에서 일본으로 돌아가던 중 조선에 표류하게 되었고, 조선인들이 해안 방위를 위해 상시 배치해둔 36척의 전투 정크선에 의해 공격을 받았다고 합니다. 그들은 총포, 소총, 활, 그리고 셀 수 없이 많은 창으로 맹렬히 공격했으나, '드 혼트' 호는 조선인들과 용감하게 싸운 후 피해 없이 벗어났습니다. 우리가 이를 당신에게 전달하는 이유는, 그쪽으로 파견되는 선박들에게 이와 같은 접촉에 대비하여 경계를 잘하도록 경고하고 지시하기 위해서이며, 이와 같은 사람들을 너무 신뢰하지 말하는 것을 알리기 위해서입니다."(출처: 1623년 4월 3일, 바타비아 총독부(Batavia Regering)에서 일본 주재 VOC 총책임자 레예르센(Reijersen)에게 보낸 공식 서한)

36) "귀하의 서신들을 통해 조선 사절단이 500명의 수행원을 대동하고 히라도를 거

처 에도로 가서 황제에게 경의를 표했다는 소식을 접했습니다. 우리는 그들이 일본에서 무엇을 성취했는지, 또는 그들의 요청이 무엇이었는지에 대해 귀하가 알려주시기를 바랐습니다. 또한 그들이 어떤 선물을 가지고 황제 앞에 나타났는지도 궁금합니다. 만약 기회가 닿는다면, 우리는 귀하가 조선에 대해 보다 자세한 조사를 수행해 줄 것을 간절히 바랍니다.

- 조선이 어떤 나라들과 외교 관계를 맺고 있는지,
- 어떤 종류의 무역이 이루어지고 있는지,
- 외국인을 받아들이는지 여부,
- 어떤 상품들을 생산하는지,
- 금광이나 은광이 존재하는지 등

에 대해서 말입니다.

우리는 이곳에서 그 섬들이 특히 비단이 풍부하다고 들었는데, 귀하께서 이 정보의 신뢰성을 가장 잘 파악하실 수 있으리라 생각합니다…. 위에서 언급한 조선의 상황과 무역가능성 등에 대한 자세한 설명은 회사의 이익을 증진시키는 데 기여할 것입니다." (출처: 1637년 6월 25일, 바타비아 총독부에서 히라도 VOC 상관으로 보낸 공식 서한)

37) "(…)한국이라는 나라의 상황에 관해서는 현재로서는 동봉된 메모나 기록에서 귀하께서 보시게 될 것 외에는 다른 것을 알아내지 못했습니다(…)." (출처: 1637년 11월 20일, VOC 히라도 상관에서 바타비아 총독부로 보낸 서한); "우리는 또한, 에도에 남아 있던 다니엘 레이니어스(Daniel Reijniers)의 증언을 통해 다음과 같은 사실을 알게 되었습니다.(…) 지난 1월 4일 조선의 사신들, 즉 두 명의 주요 귀족들이 그들의 수행원들과 함께 여러 일본 귀족들의 호위를 받으며 에도에 도착했습니다. 그들은 다음과 같은 의전 절차를 거쳐 그들의 숙소로 향했습니다: 첫째로…." (출처: 1637년 2월 5일, 일본 일지(Dagr. Japan)); "조선 사신들이 일본에 어떻게 도착했는지, 막부에서 그들을 어떻게 맞이했는지, 폐하에게 어떤 선물을 바쳤는지, 그리고 어떤 방식으로 귀국하게 되었는지는 일지에 자세히 기록되어 있었습니다. 이를 통해 우리는 현재까지 알려진 바로는 회사가 그 나라에서 얻을 것이 없다는 것을 알게 되었습니다." (출처: 1638년 6월 26일, 바타비아에서 히라도로 보낸 서한)

38) "일본에서 약간 북쪽으로, 북위 34~35도 사이, 중국 해안에서 멀지 않은 곳에 Insula de Core(조선의 섬)라 불리는 커다란 섬이 있다. 이 섬의 크기와 사람들, 그

리고 어떤 생산품이 나는지에 대해서는 아직 확실히 알려진 바가 없다." (J. H. 반 린스호텐, 여행기 등 37쪽).

39) "(…)일본 북쪽으로 향하여, 타타르와 중국의 해안, 그리고 코레아 땅을 탐사하고 그 주변에서 동인도회사에 이익이 되는 어떤 교역을 할 수 있을지 알아보도록 (…)." (1639년 7월 7일 콰스트에 대한 지시사항)

40) "앞서 언급한 8명의 네덜란드인들은 VOC가 일본에서 일반적으로 거래하는 상품과 동일한 품목으로 조선과도 유리한 교역을 할 수 있을 것이라고 주장했다. 그러나 이후의 조사 결과, 이것이 그렇게 간단한 문제가 아니라는 것이 밝혀졌다…." (출처: Van Dam, Beschrijvinge, enz., 제2권, 제1부, 제21장, p. 324)

41) "조선에 관해 말하자면, 일본인들이 필요로 하는 많은 상품들을 얻는 곳이지만, 회사로서는 할 수 있는 일이 없다. 그 섬이 중국과 일본 양쪽의 영향력 아래에 놓여 있어, 그 통치자들이 다른 상인들이 조선에 들어가는 것을 허용하지 않기 때문이다. 더욱이, 일본의 규정에 따르면, VOC는 나가사키 이외의 어떤 곳에서도 무역을 할 수 없기 때문이다." (출처: Van Dam, Beschrijvinge, enz., Boek 2, deel I, caput 21, fol. 428); "그 이후로 네덜란드 선원들은 코레이(조선)의 해안을 더 이상 방문하지 않았다." (출처: Von Siebold, Nippon, VII, p. 27)

42) 1669년, 네덜란드 동인도 회사(VOC)의 제일란트(Zeeland) 지부에서 'Corea'호를 건조함. (출처: Van Dam, Beschrijvinge, Boek 1, deel 1, caput 17, fol. 343); 1669년 5월 20일, 'Corea'호가 출항함. (출처: Patr. Miss., 1669년 8월 25일); 1669년 12월 10일, 'Corea'호가 바타비아(Batavia, 현재 인도네시아 자카르타)에 도착함. (출처: Koloniale Archieven no. 1159); 1679년, 'Corea'호는 바타비아 근처 온루스트(Onrust)에서 결함이 발견되어, 최고 입찰자에게 매각하기로 결정함. (출처: VOC Resoluties, 1679년 11월 11일 및 12월 2일)

43) "1595년 얀 하위헌 판 린스호텐(Jan Huijgen van Linschoten)의 지도에서 조선(Korai)은 'Ilha de Corea'(조선 섬), 'I dos Ladrones'(해적의 섬), 'Costa de Conray'(코레이 해안)이라는 표기로 나타난다.

이 지도에서 조선의 남단은 북위 33도 22분에 위치하고 있다. 1650년 요하네스 얀소니우스(Joannes Janssonius)의 일본 지도에서도 'Coraij Insula'(조선 섬)라는 표기가 등장하며, 그 남쪽에는 작은 섬이 'I. de Ladrones'(해적의 섬)라고 표시되어 있다. 이 작은 섬이 몇 년 후 'Quelpaerts-eiland'(제주도)로 알려진 섬이다." (Von

Siebold, Nippon I, bl. 89)

44) 1648년 9월 18일: "캄펜 호의 하역은 정오에 끝났고, 일상적인 점검 후 비터 발크(Witte Valck) 호에서 작업이 시작되어 순조롭게 진행되었다. 그곳에 있는 동안 플뢰이트선 파시엔시(Patientie) 호가 이 항구로 들어와 쿠(Koe) 호 옆에 정박했다. 디르크 스누크(E. Dircq Snoucq)씨는 8월 27일 타이오안을 출발했는데, 적재 화물은 23,172길더 13스튀버 11페닝이었고, 추가로 비터 발크 호에서 옮겨온 통킨(Tonquin) 비단이 68,413길더 38스튀버 7페닝, 그리고 비테 드라이프(Witte Druijff) 호에서 가져온 시암의 소가죽이 3,990길더 17스튀버였다. 켈파르트 섬에서 (히라도에서 서쪽으로 30마일 떨어진 곳에 위치) 물을 구하기 위해 보트로 상륙을 시도했다. 그곳의 주민들은 그들을 쫓아냈고, 곧바로 총을 발사하여 우리 일행 중 한 명의 턱을 맞혔는데, 탄환이 뼈를 으스러뜨리고 깊이 박혀 있었다. 우리 쪽에서는 그들에게 어떠한 해도 끼치지 않았다." (출처: "나가사키 주재 동인도회사 일지, 1647년 11월 3일부터 1648년 12월 8일까지". 식민지 문서보관소 번호 11678)

45) 식민지 문서보관소 번호 434. 참고: J.E. Heeres의 Tasman's Journal of his discovery of Van Diemen's Land (1898). "Quel is another name for a galiot."(p.116, 주2); "Quelpaert" an old name for a galiot." (p. 1, 주 3).

46) "히라도 항구의 부적합성은, 강한 조류가 야기하는 나쁜 접근성뿐만 아니라, 여러 차례 네덜란드 동인도 회사(VOC)의 선박에 피해를 입힌 일본 태풍의 불편함 때문입니다."(바타비아에서 일본 주재 쿠케바커(Couckebacker) 관장에게 보낸 서한, 1636년 7월 2일.)'; "VOC의 무역 거점을 히라도에서 나가사키로 이전하는 것이 잘 진행되었으며, 네덜란드 회사의 무역 활동을 위해서는 히라도보다 나가사키가 더 적절한 장소라는 점에 동의합니다." (바타비아에서 데지마(Decima) 섬의 통치자에게 보낸 서한, 1643년 4월 23일.)

47) "현재 통치 중인 폐하의 할아버지, 즉 이전 쇼군이 발급한 허가서(pas)에 대해 일본에서 여러 차례 조사하고 문의했던 것은, 그 허가서가 이후에 발급된 것보다 네덜란드인들에게 더 우호적이고 자유로운 무역을 보장하는 내용이었다는 이유에서였다." (바타비아에서 일본으로 보낸 서신, 1641년 8월 2일.)

48) 현재 타이완 북부에 있는 항만도시 '지룽'을 일컬으며, 계롱(雞籠, Keelung)으로 불렸던 곳이다. (역자)

49) "스페인 요새 켈랑(Kelang)과 담수이(Tamsui)의 상황을 오랫동안 주목해 왔으며,

이제 VOC가 이를 확보하여 보다 유리한 위치에서 포르모사(Formosa)를 점령할
수 있도록 더욱 신경 써야 할 것이다. 이는 대단히 긴요한 사안이다. 여기(바타비
아)에서는 금광 개발의 성과를 간절히 기대하고 있으며, 특히 현재와 같은 시점
에서는 더욱 중요한 의미를 가진다. 만약 일본에서 VOC의 은광 채굴이 계속 금
지된다면, 포르모사의 금광이 이를 보완하는 역할을 할 것이기 때문이다. 물론
우리는 일본의 은광 정책이 변경될 가능성을 희망하고 있으며, 그렇게 된다면
기쁜 소식이 될 것이다." (바타비아에서 보낸 공식 서한, 1642년 4월 12일.)

50) "막대한 회사 자원이 유지 비용에 투입되어야 하는데, 회사의 주주들은 이익없
이 여러 민족들을 다스린다는 허울뿐인 명성보다는 인도에서 더 많은 이윤을
내는 것에 관심이 있습니다." (1643년 6월 23일, 바타비아가 포르모사에 보낸 서신)

51) "금광에 대한 보고를 접한 것은 기쁘게 생각합니다. 더욱 확실한 경험을 통해—
이미 총독 트라우데니우스(Traudenius)의 보고와 조언에 따라 작업이 진행되고
있을 터이니—이 광산이 실제로 금이 풍부하고 접근하기 용이한지를 확인하
게 된다면, 더욱 기쁠 것입니다. 이 광산은 대단히 중요한 자산이므로 전적으로
VOC가 확보해야 하며, 추가 명령을 기다릴 필요 없이 즉시 우리의 통제하에 두
어야 합니다. 현재 광산을 점유하고 있는 자들은 이주시키거나, 소탕하거나, 혹
은 추방해야 합니다." (바타비아에서 타이요안으로 보낸 서한, 1643년 4월 23일.); "귀하께서
서한에서 강력히 권고하신 광산 주변에 거주하는 주민들을 '제거하고 근절하는
것'은 이곳에서는 적절하지 않다고 판단됩니다." (본국서신, 1644년 9월 21일.)

참고문헌

BEGIN ENDE VOORTGANGH van de Vereenighde Nederlantsche Geoctroyeerde Oost-Indische Compagnie. II. [Amsterdam], 1646.

BELCHER (Capt. Sir E.). Narrative of the voyage of H.M. Semarang, during the years 1843-46. London, 1848.

BESCHERELLE AÎNÉ. Dictionnaire national. Paris, 1851.

CARLES (W. R.). A Corean monument to Manchu clemeney (Journal North China Branch R.A.S. XXIII, 1888).

CHAILLÉ-LONG-BEY. La Corée ou Tchösen. Paris, 1894.

CHUNG (H.). Korean treaties. New York, 1919.

COEN (Jan Pietersz.). Bescheiden omtrent zijn bedrijf in Indië. Verzameld door Dr. H.T. Colenbrander. I-II. 's-Gravenhage, 1919-20.

COLLYER (C.T.). The culture and preparation of Ginseng in Korea (Transactions Korea Branch R.A.S. III, 1903).

COULING (S.). The Encyclopaedia Sinica. London etc., 1917.

COURANT (M.). Bibliographie coréenne, etc. Dl. I. Introduction. Paris, 1894.

DAGH-REGISTER gehouden int Casteel Batavia vant passerende daer ter plaetse als over geheel Nederlandts-India. Batavia—'s Hage, 1887-1918.

DALLET (Ch.). Histoire de l'Eglise de Corée précédée d'une Introduction sur l'histoire, les institutions, la langue, les moeurs et coutumes coréennes. Paris, 1874.

DAM (Mr. P. van). Beschrijvinge van de Oost Indische Compagnie. (Handschrift Kol. Archief).

DANVERS (Fr. Ch.). The Portuguese in India being a history etc. II. London, 1894.

DAVIDSON (J. W.). The island of Formosa past and present. History, people, resources and commercial prospects. London etc., 1903.

DIARY of Richard Cocks, cape-merchant in the English factory in [150]Japan 1615-1622. Edited by E.M. Thompson. London, 1883.

DICTIONNAIRE Coréen-Francais, par les missionnaires de Corée. Yokohama, 1880.

DOEFF (H.). Herinneringen uit Japan. Haarlem, 1833.

DU HALDE (J.B.) Description géographique, historique, chronologique ... etc. de l' Empire de la Chine et de la Tartarie Chinoise. Nouv. édition. IV. La Haye, 1736.

DIJK (Mr.L.C.D. van). Zes jaren ... enz., gevolgd door Iets over onze vroegste betrekkingen met Japan. Amsterdam, 1858.

ENCYCLOPAEDIE van Ned.-Indië. Tweede druk, dl. I. 1917.

GALE (J.S.). The influence of China upon Korea (Transactions Korea Branch R. A. S. I, 1900).

———The Korean Alphabet (a. b. IV, I, 1912).

GARDNER (C. T.). The coinage of Corea (Journal China Branch R.A.S. New Ser. XXVII, 1895).

GRAAFF (N. de) Reisen ... [en] d'Oost Indise Spiegel, enz. Hoorn, 1701.

GRIFFIS (W.E.). Corea, the Hermit nation. Seventh edition. London,1905.

———Corea without and within. Second édition. Philadelphia, 1885.

GROENEVELDT (W.P.). De Nederlanders in China. I. (Bijdragen Kon. Inst. VIe Volgr. dl. 4, 1898).

GÜTZLAFF (K.). Reizen langs de kusten van China, en bezoek op Corea en de Loo Choo eilanden in 1832 en 1833. Rotterdam, 1835.

HAAN (Dr. F. de). Priangan. De Preanger-Regentschappen onder het Nederlandsch Bestuur tot 1811. Batavia, 1910-12.

———Uit oude notarispapieren. II: Andreas Cleyer (Tijdschr. Bat. Gen. XLVI, 1903).

HOANG (P.) Synchronismes chinois. (Variétés sinologiques. No. 24). Changhai, 1905.

HOBSON-JOBSON. A glossary of colloquial Anglo-Indian words and phrases, by H.Yule and A.C.Burnell. New édition. London, 1903.

HODENPIJL (A.K.A. Gijsberti). De wederwaardigheden van Hendrik Zwaardecroon in Indië na zijn aftreden (Ind. Gids. 1917, II).

HOLLANTSCHE MERCURIUS vervattende de voornaemste geschiedenissen enz.

Dl. XV en XIX. Haarlem, 1665, 1668.

HUART (C.I.). Mémoire sur la guerre des Chinois contre les Coréens de 1618 à 1637 (Journal Asiatique. 7e Ser. XIV, 1879).

HULBERT (H.B.). Korean survivals (Transactions Korea Branch R.A.S. I, 1900).

HULLU (Dr. J.de). Iets over den naam Quelpaertseiland (Tijdschr.Kon. Ned. Aardr. Gen. 2e Ser. dl. XXXIV, 1917).

ICHIHARS (M.). Coinage of old Korea (Transactions Korea Branch R.A.S. IV, 2, 1913).

JONGE (Jhr. Mr. J.C. de). Geschiedenis van het Nederlandsche zeewezen. Tweede druk, dl. I. Haarlem, 1858.

JONGE (Jhr. Mr. J.K.J. de). De opkomst van het Nederlandsch gezag in Oost-Indië. Dl. III. 's-Gravenhage—Amsterdam, 1865.

KAMPEN (N.G. van). Geschiedenis der Nederlanders buiten Europa ... van het laatste der zestiende eeuw tot op dezen tijd. Dl. II. Haarlem, 1831.

KAEMPFER (E.). De beschryving van Japan enz. 's-Gravenhage—Amsterdam, 1729.

LA PÉROUSE (J.F.G. de). Voyage autour du monde, publié par M.L.A. Milet-Mureau. Paris, 1797.

LETTERS written by the English Residents in Japan 1611–1613 etc., edited by N. Murakami and K. Murakawa. Tokyo, 1900.

LEUPE (P.A.). De verovering van het fort La Sanctissima Trinidad op Formosa (Bijdragen Kon. Inst. 2e Volgr. dl. 2, 1859).

LINSCHOTEN (J.H. van). Itinerario. Voyage ofte Schipvaert naer Oost ofte Portugaels Indien, inhoudende ... enz. (Gevolgd door) Reysgeschrift van de Navigatien der Portugaloyers in Orienten enz. Amsterdam, 1595.

LOG-BOOK (The) of William Adams, edited by C.J. Purnell (Transactions Japan Society of London, XIII, 2, 1914–15).

MAYERS (W.F.). The treaty ports of China and Japan. (London—Hongkong, 1867.

MEMORIALS of the Empire of Japan: in the XVI aud XVII centuries. Edited by Th. Rundall. (Part. II: The letters of William Adams 1611–1617). London, 1850.

MONTALTO DE JESUS (C.A.). Historic Macao. Hongkong, 1902.

MONTANUS (A.). Gedenkwaerdige Gesantschappen der Oost-Indische Maatschappij ... aen de Kaisaren van Japan, enz. Amsterdam, 1669.

MULERT (F.E.). Nog iets over den naam Quelpaertseiland (Tijdschr. Kon. Ned. Aardr. Gen. 2e Ser. dl. XXXV, 1898).

MULLER (Dr. H.P.N.). Azië gespiegeld. Dl. I. Utrecht, 1912.

NACHOD (O.). Die Beziehungen der Niederländischen Ost-Indischen Kompagnie in Japan im siebzehnten Jahrhundert. Leipzig, 1897.

——Die älteste abendländische Manuscript-Spezialkarte von Japan von Fernao Vaz Dourado 1568. Roma, 1915.

NOTICES of Japan. No. VII. (Chinese Repository. X, 1841).

PAPINOT (E.). Historical and geographical Dictionary of Japan. Tokyo, (1909).

PARKER (E.H.). China. Her history, diplomacy and commerce. Second edition. London, 1917.

PARKER (E.H.). China, past and present. London, 1917.

——Corea. (China Review. XIV, XVI).

——The Manchu relations with Corea. (Transactions Asiatic Society of Japan. XV, 1887).

PHILIPPINE ISLANDS (The) 1493-1898. Edited and annotated by Emma H. Blair and J. Robertson. Dl. XXII, XXIV en XXXV. Cleveland, 1905-1906.

PLAKAATBOEK (Nederlandsch Indisch) 1602-1811, door Mr. J.A. van der Chijs. Batavia—'s Hage, 1885-1900.

REIN (Dr. J.J.) The climate of Japan (Transactions Asiatic Society of Japan. VI, 3, 1878).

RITTER (C.). Die Erdkunde von Asien. Zweite Ausgabe. Band III. Berlin, 1834.

ROSS (J.). History of Corea, ancient and modern, with description of manners, etc. Paisley, (1880).

——The Manchus, or the reigning dynasty of China: their rise and progress. London, 1891.

SCOTT (J.). Stray notes on Corean history, etc. (Journal China Branch R.A.S. New Ser. XXVIII, 1893-94.).

SIEBOLD (Ph. von). Geschichte der Entdeckungen im Seegebiete von Japan. Leyden, 1852.

———Nippon. Archif zur Beschreibung von Japan. Leiden, 1832－52.

SPEELMAN (C.). Journaal der reis van den gezant der O.I. Compagnie Joan Cunae-
us enz. Uitgegeven door A. Hotz. Amsterdam, 1908.

TASMAN (A.J.). Journal of his discovery of Van Diemens Land and New Zeeland
in 1642 etc., by J.E. Heeres. Amsterdam, 1898.

TELEKI (Graf. P.). Atlas zur Geschichte der Kartographie der japanischen Inseln.
Budapest—Leipzig, 1909.

TIELE (P.A.). Mémoire bibliographique sur les journaux des navigateurs néerlan-
dais, etc. Amsterdam, 1867.

———Nederlandsche bibliographie van land－ en volkenkunde. Amsterdam, 1884.

VALENTYN (Fr.). Oud en Nieuw Oost-Indiën, vervattende, enz. Dl. V, 2. Dor-
drecht—Amsterdam, 1726.

'T VERWAERLOOSDE FORMOSA, of waerachtig verhael enz. Amsterdam, 1675.

VOYAGE (The) of Captain John Saris to Japan, 1613. Edited ... by E.M. Satow, Lon-
don, 1900.

WILLIAMS (S. Wells). The Middle Kingdom, a survey of the geography, govern-
ment etc. of the Chinese Empire. Revised edition. New York, 1899.

WITSEN (N.). Noord en Oost Tartarye, enz. Eerste druk. Amsterdam, 1692; Tweede
druk. Amsterdam, 1705.

YAMAGATA (J.). Japanese-Korean relations after the Japanese invasion of Korea
in the XVIth century. (Transactions Korea Branch R.A.S. IV, 2, 1913).

IJZERMAN (J.W.). Over de belegering van het fort Jacatra (Bijdragen Kon. Inst. dl. 73,
1917).

ZOMEREN (Mr. C. van). Beschryvinge der stadt van Gorinchem en landen van
Arkel. Gorinchem, 1755.

Nederlands
letterenfonds
dutch foundation
for literature

이 도서는 네덜란드 문학재단(NLF)에서 번역료를 지원받아 제작되었습니다.
네덜란드 문학 재단의 지원에 진심으로 감사드립니다.

하멜표류기

떠밀려온 곳에서 시작된 17세기 조선의 이야기

1판 1쇄 인쇄 2025년 4월 15일
1판 1쇄 발행 2025년 4월 25일

지은이 헨드릭 하멜
번역·해설 문지희

펴낸이 김영곤
펴낸곳 (주)북이십일 아르테

편집팀 정지은 김지혜 이영애 김경애 박지석 양수안
출판 마케팅팀 남정한 나은경 최명열 한경화 권채영
영업팀 한충희 장철용 김영남 강경남 황성진 김도연
제작팀 이영민 권경민
책임편집 양수안
디자인 윤수경

출판등록 2000년 5월 6일 제406-2003-061호
주소 (10881) 경기도 파주시 회동길 201(문발동)
대표전화 031-955-2100 **팩스** 031-955-2151 **이메일** book21@book21.co.kr

ISBN 979-11-7357-239-5 03910

클래식 클라우드
거장을 만나는 특별한 여행

우리 시대 대표 작가 100인이 내 인생의 거장을 찾아 떠난다
책에서 여행으로, 여행에서 책으로, 나의 깊이를 만드는 클래식 수업

국내 최대 인문 기행 프로젝트 - 클래식 클라우드 시리즈

* 클래식 클라우드 시리즈는 계속 출간됩니다 *

일상에 깊이를 더하는 클래식 클라우드 유튜브!
클래식한 삶을 위한 인문교양 채널-저자 인터뷰, 북트레일러-에서 영상으로 만나보세요.

클래식 클라우드-책보다 여행
누적 재생 수 1000만 회, 네이버 오디오클립, 팟빵에서 검색하세요.

채널로 만나는 클래식 클라우드 시리즈

\+ 인스타그램 북이십일 | www.instagram.com/book_twentyone
\+ 지인필 | www.instagram.com/jiinpill21
\+ 아르테 | www.instagram.com/21_arte

홈페이지 | www.book21.com